蓬莱小镇
从"小社会"走向"大世界"

PENGLAI XIAOZHEN
Cong Xiaoshehui Zouxiang Dashijie

余祯 著

文汇出版社

序
"蓬莱小镇"映射的教育镜面

"蓬莱小镇",是上海市黄浦区蓬莱路第二小学基于"在这里,我们发现未来"的办学理念,于2013年创建的着眼于未来社会人培养的校本特色课程,由余祯校长领衔构想并带领团队开发创建。2016年,我曾为"蓬莱小镇"的第一本书《有一个叫"蓬莱小镇"的地方》写序,这是一个有意思的"小镇"。蓬莱,是仙境;小镇,是有故事且能引发无限想象的地方。正是由于"蓬莱小镇"不懈地为学生们营造了一个平等和谐的学习情境、自由钻研的探索环境、个性发展的自主空间,既提升了学生适应未来社会的综合素养,又使学生的个性、创造力得到了充分发展。"蓬莱小镇"有关研究成果荣获上海市基础教育教学成果奖一等奖,也被列为全国中小学德育工作典型经验。

余祯校长,是一个有思想、有情怀、有创造力的教育人。自2013年担任蓬莱二小校长后,百年老校在原有历史积淀的基础上又有全新的发展,在学校优质创新成长中,"蓬莱小镇"是一个富有教育思想、教育创意、教育效应的"教育事件",并由此引发了学校课程的深度变革、特色活动的品质演绎、师资队伍的转型提升、资源整合的充分利用以及育人方式的科学优化。

蓬莱小镇：从"小社会"走向"大世界"

这一次，当我看到余祯校长送来的专著《蓬莱小镇：从"小社会"走向"大世界"》，内心是欣喜的，字里行间我看到这些年来"蓬莱小镇"不断生长和发展。"蓬莱小镇"本是一个模拟的"小社会"。"小社会"，是相对"大世界"而言，而"大世界"又映衬了"小社会"的缤纷气象。而当我读完了整部书，合上最后一页时，顿觉这本专著的面貌正像书名所展开的那样：这真是一部以"小"见"大"，以蓬莱"小镇"引发"蓬莱"教育的"大剧"，不愧为具有独特事件、独特视角、独特见地的教育专著。这本专著于上一本书而言，已从充满童趣的感性表达上升到了充满智慧的理性叙事，但可以看得出来的是，其中的教育情怀依旧。

《蓬莱小镇：从"小社会"走向"大世界"》从现代小学建设的高度和特色品质育人的深度，以"蓬莱小镇"为样本，以引导学生在小社会的情境中体验、探究和发现为途径，对落细落实社会主义核心价值观，培养未来社会人的育人目标；对聚焦五育并举和核心素养，改变育人方式的办学创新；对提升课程育人的厚度，构建具有前瞻性的课程建设；对以人为本，实现师生个性化发展的成长方式等，从理论探索、实证实践、价值判断三个维度，做了富有建设性、启示性、操作性的全面阐述，具有较强的学术价值和意义。掩卷凝思，我认为，这本专著可圈可点，可读可研，对学校的优质发展、课程的丰富发展、育人的全面发展，具有特殊的"贡献"：

一是从发现的域界中找到办学的"增长点"。"蓬莱小镇"的出现，既有其偶然性，也有其必然性。在现有的教育体制下，小学教育相对还是自成一体的，固态的比较多，而要打破常规有点突破，并不容易。另外，长期习惯封闭的校园生活，在一定程度上也束缚了办学者的手脚。因此，在时空不变的情形下，能找到原有域界的新的办学"增长点"，既需要眼光，更需要胆略。余祯校长对"蓬莱小镇"的发现，源于对学生兴趣爱好的真切了解和实事观察，源于她长期对小学教育的潜心研究和缜密琢磨，"既然学生喜欢的就一定会有极大的教育落点"，2013年学校在对全校学生问卷调查中发现一个有趣且值得寻味的"数据"：近86%的学生表示社会实践活动最喜欢去的地方不是公园，也不是游乐场，而是上海一个叫"星期八小镇"的儿童活动场所。在经过了实地参观和考察后，余祯校长和老师们发现这是一个根据儿童年龄和心理特点打造的模拟社区，儿童在参与不同职业角色的游戏过程中，经历职业体验，学会与人交流，获得价值认同，收获成长乐趣。从"星期八小镇"问卷调查的结果发现到"蓬莱小镇"匠心打造的应运而生，说明真正的学生为本，是尊重学生的想法，了解学生的心向，教育要与学生内心的希冀相向而行。而办学的新的"增长点"也一定是与学生成长真正需要相吻合的。

　　二是从发展的眼界中找到课程的"拓展点"。一个好的点子，一个有生命力的项目，在学校必须走课程化的道路，这是因为课程是学校提供教育的最大载体，也是学生接受教育的主要来源。于是，"蓬莱小镇"被精心设计进了学校的课程计划中，给予了课程的地位和定位。"蓬莱小镇"校本特色课程，引入资源，把学校打造成微型社会，开发了"医院、邮局、银行、法院、消防局"等48个小社会课程，引导学生在小社会的情境中体验、探究和发现。如果说根据学生的兴趣爱好开发的主题式综合课程是"蓬莱小镇"课程的1.0版，根据学校办学理念、培养目标并融入学生的发展核心素养是"蓬莱小镇"课程的2.0版，那么，将小镇元素融入学校的整体发展中，由小镇课程的推进带动学校整体发展，就是"蓬莱小镇"特色课程的3.0版，从而实现了从1.0版到3.0版的跨越。把一个好的活动发展为一门课程，走的是科学的、可持续的道路，会具有强大的生命力。

　　三是从发力的境界中找到育人的"着眼点"。育人，始终是学校教育、课程建设的旨归。"蓬莱小镇"校本特色课程，着眼于落细落实社会主义核心价值观，着手于培养未来社会人。48个小社会课程，实际上是48颗"珍珠"，而立德树人和核心素养培育则是串起学会做人、学会做事的"项链"。尤其值得一提的是，"蓬莱小镇"校本特色课程，在学校是全局性的

3

蓬莱小镇：从"小社会"走向"大世界"

项目，对总揽办学、提升师资、课程建设、教学改革、评价优化、资源利用、空间设计等都发生了重要的影响，也对协同育人做出了最好的答案。"蓬莱小镇"课程，是对尊重学生的亲切关照，也是引导学生的热切指引，更是发展学生的适切建树。

"蓬莱小镇"的确是有故事的地方，也是有情怀的地方。故事由师生当主角，形成了校、家、社联手育人的格局，最终获益的是学生，每个孩子都在课程中找到适合自己的和自己喜欢的。仅"蓬莱小镇魔法小书店"的平台就圆了多少孩子的"作家梦"。2015年至今，已有201本手写手绘书获得"蓬莱小镇工作委员会"颁发的书号，共有284位小作家的179本手写手绘书在学校范围内出版，其中16本组成《"蓬莱小镇"之魔法小书店》两套书分别由学林出版社和上海少年儿童出版社正式出版发行，另有7本书获国际华文少儿书作大赛优胜奖。小作家们在校内校外举行各种新书发布和签赠活动，还带着他们正式出版的套书《"蓬莱小镇"之魔法小书店2》亮相上海书展。这是多么珍贵的童年成长经历啊！

"蓬莱小镇"，从"小社会"走向"大世界"，这里有着教育的万千世界，是一个值得寻味、玩味、体味的地方，犹如一枚枚镜面，你可以看到许多，得到许多，映射许多，想到许多。

是为序。

2022年12月

目 录

序 ··· 尹后庆 1

第一章 发轫:"小社会"发现"大世界" ······················· 1
第一节 "蓬莱小镇"课程的源起 ······························ 2
第二节 "蓬莱小镇"课程的理念 ······························ 4
第三节 "蓬莱小镇"课程的架构 ······························ 8

第二章 破冰:从拓展型课程开始 ····························· 12
第一节 "蓬莱小镇"拓展型课程的体系架构 ···················· 12
第二节 "蓬莱小镇"拓展型课程的实施策略 ···················· 20
第三节 "蓬莱小镇"拓展型课程的评价优化 ···················· 29

第三章 迁移:"小镇"元素的德育渗透 ························ 34
第一节 "蓬莱小镇"情境中落细落实价值观教育 ················ 34
第二节 "蓬莱小镇"情境中的行为规范教育 ···················· 38
第三节 "蓬莱小镇"情境中的少先队活动 ······················ 43
第四节 "蓬莱小镇"情境中劳动教育的行动研究 ················ 50

第四章　融合：撬动基础型课程教学的变革 …… 61
第一节　融入"小镇"元素的课堂教学设计 …… 61
第二节　融入"小镇"元素的"绿色作业"设计 …… 79
第三节　"蓬莱小镇"情境中的项目化学习 …… 90
第四节　融入"小镇"元素的智能即时评价 …… 95

第五章　支撑："小镇"生态保障系统的构建 …… 111
第一节　激发活力的管理创新 …… 111
第二节　助力成长的教师研修 …… 117
第三节　引领变革的教育科研 …… 123
第四节　学习空间的创意设计 …… 138
第五节　协同育人的家校社联动 …… 162

第六章　价值："蓬莱小镇"建设的成效与启示 …… 175
第一节　学校与社会的打通 …… 175
第二节　理念与实践的联通 …… 177
第三节　育人与育才的贯通 …… 179
第四节　"蓬莱小镇"带动学校综合发展 …… 182

后记 …… 187

第一章
发轫:"小社会"发现"大世界"

　　上海市黄浦区蓬莱路第二小学,地处老城厢蓬莱路,创建于光绪三十二年(1906年),至今已有117年历史。学校占地面积为7 874平方米,分蓬莱路和柳江街两个校区。目前共有40个教学班,1 523名学生,120名教师。学校原名私立西成小学,1958年改名为蓬莱路第二小学。1959年被定为上海市20所重点小学之一,1984年被定为上海市实验性小学。学校长期以来坚持"务实创新",早在20世纪三四十年代就在上海教育界享有盛誉;五六十年代学校注重"全面打基础,精心育人才",为学校的发展积淀了丰富的文化底蕴;进入八九十年代,学校在教育改革的浪潮中大胆提出,学校教育必须重视学生个性的发展,并进行"优化教育环境,发展儿童个性"的整体实验。21世纪初,学校围绕个性教育先后进行《培养良好性格,提高儿童素质》等课题的实践与研究,引起了教育界的广泛关注。

　　2013年,学校在个性教育的基础上传承创新,基于"在这里,我们发现未来"的办学理念,创建了着眼于未来社会人培养的"蓬莱小镇"校本特色课程。该课程把学校打造成微型社会,开发了"医院、邮局、银行、警察局、法院"等48个小社会课程,引导学生在小社会的情境中体验、探究和发现,同时为落细落实社会主义核心价值观,培养未来社会人提供新途径。"蓬莱小镇"课程的研究成果获评全国中小学德育工作典型经验,上海市基础教育教学成果奖一等奖。基于实践研究,学校出版《有一个叫"蓬莱小镇"的地方》和《学生喜欢的作业》两本专著,以及《蓬莱小镇之魔法小书店》系列一、系列二两套学生手写手绘书,学校创新发展的蓬勃态势和日益彰显的办学特色,赢得广泛的社会认可。

学校连年获得上海市文明单位称号,先后获评全国三八红旗集体、全国优秀少先队集体、全国足球教育特色学校、全国语言文字示范校、上海市未成年人思想道德建设工作先进单位、上海市优秀教师专业发展学校、上海市中小学行为规范示范校、上海市中小学(幼儿园)课程领导力行动研究项目学校、上海市安全文明学校、上海市家庭教育示范校、上海市艺术特色学校、黄浦区新教师规范化培训基地等。近年来,学校涌现出一批爱岗敬业的青年教师,培养了一批全面发展的蓬二学子,获得良好的社会声誉,深厚文化底蕴中的百年老校焕发青春光彩。

第一节 "蓬莱小镇"课程的源起

杜威"学校即社会"的教育思想认为,学校应该是一个小型社会,教师要把传授知识的课堂变成儿童活动的乐园,引导儿童积极自愿地投入活动,在活动中养成品德、获得知识,实现生长和经验的改造。"蓬莱小镇"基于杜威的思想,把象征微型社会的"小镇"概念引入校园,创设各种场景,为学生提供体验式的学习。因此,从本质上来说,"蓬莱小镇"实际上是一种学校课程模式。

一、"蓬莱小镇"课程的原点思考

学校近年来坚持致力于"蓬莱小镇"课程的建设,主要源于以下几个方面的思考:

1. 源于区域办学思想的思考:什么样的学校学生更喜欢

"办学生喜欢的学校"是上海市黄浦区教育的办学思想和办学宗旨。这是回归教育本源从学生的立场研究学生的课题。办学生喜欢的学校,必须有学生喜欢的老师和同伴,有学生喜欢的环境和氛围,更需要设计和开发学生喜欢的课程。这种喜欢,其实融合了办学的梦想和情怀,是对教育的一种喜欢。

2. 直面学校教育新命题:如何在共性与个性之间找到平衡点

在多年的教育实践中,学校致力于个性教育的研究。然而学校聚焦学生个性健康成长的调研数据显示,学生普遍存在"有个性的学生往往表现出不能很好地遵循规则,比较遵守规则的学生又略显个性不足"的问题。依据"在这里,我们发现未来"的办学理念,着眼于未来社会人的培养,如何培养既有个性又守规则的儿童成为学校发展的新命题。

3. 着眼学生发展新挑战:如何让孩子成为有个性的未来社会人

未来已来,传统以知识和技能为核心的育人模式必须转型,关注学生问题解决和沟通协作等关键能力是教育综合改革的方向,课程是学校教育的重要载体。然而,长期以来,小学阶段课程依然比较普遍存在"脱离学生生活经验""课程实施方式单一""课程评价重结果轻过程"等问题。如何让学生成为有个性的未来社会人,需要具备怎样的素养,以及如何转变传统课程形态以培育这些素养,学校面临着新时代的挑战。

4. 针对问卷调查的新发现:为儿童创造的一个属于他们自己的小社会

2013年上半年,全校学生问卷调查中有一个数据引起了学校的关注,近86%的学生表示社会实践活动最喜欢去的地方不是公园,也不是游乐场,而是上海一个名为"星期八小镇"的儿童活动场所。在经过了实地参观和考察后,我们发现这是一个根据儿童年龄和心理特点打造的模拟社区,儿童在参与不同职业角色的游戏过程中,经历职业体验,学会与人交流,获得价值认同,收获成长乐趣。"星期八小镇"给了我们课程改革带来创意和灵感。

二、"蓬莱小镇"课程的价值追求

学校以"蓬莱小镇"课程的建设与实践为着力点和生长点,以点带面,引导学校各项工作协同发展,进一步促进学校内涵发展。具体的价值追求体现在以下几方面：

1. 培育学生适应未来社会所需的素养

"蓬莱小镇"课程通过创设各种真实社会情境，为学生营造平等和谐的学习情境、自由钻研的探索环境，以及与人交往的合作氛围和个性发展的生长空间。学生在模拟的小社会中通过职业角色的体验、真实问题的解决，提高自主发展和社会参与的能力，培育未来社会公民所需要的社会责任、自我管理、问题解决、实践创新、沟通协作等核心素养。

2. 打造一支业务水平强的教师队伍

教师从事教育科研，是办学提质发展、改进教学的需要，也是自我提高的需要。为整体推进"蓬莱小镇"课程促进学校内涵发展的研究与实践工作，学校通过设计围绕"小镇"元素融入学校整体发展的系列科研项目，鼓励并指导各科教师围绕"小镇"课程的延伸领域开展子课程项目研究，通过各级各类科研课题的申报和实施，带动教师专业发展，惠及并促进儿童未来的发展，从而实现学校教育科研、教师发展、学生成长等方面的多赢。

3. 促进学校的特色发展和内涵发展

课程，是提升学校办学品质的重要载体，是学校最重要的核心竞争力之一，也是学校办学能力和办学水平的重要体现，更是学校内涵发展最主要、最关键的议题。因此，让课程诉说学校特色，用课程引领学校内涵发展成为"蓬莱小镇"课程的重要使命。"蓬莱小镇"课程建设的研究与实践使课程资源、教育教学和评价方式更加丰富，更好地彰显了学校的办学特色，为学校的内涵发展和可持续发展形成新的"打开方式"。

第二节　"蓬莱小镇"课程的理念

学校课程建设应从学校办学理念和育人目标出发，是一个自然而然的基于学校实际土壤的生长过程。为此,我们首先对学校的理念体系进行了梳理、总结和提炼。蓬莱二小"务实和创新"的办学理念可以追溯至20世纪三四十年代,"脚踏实地、仰望星空"的办学思考引领一代代"蓬二人"在传承中发展,并逐渐稳定形成学校的文化和"蓬二人"身上特有的气质。

一、学校办学理念

2016年,我们在继承学校原有的"四大发展"办学思想引领学校发展的基础上,总结提炼出学校新的办学理念,即:在这里,我们发现未来!(Here we discover the future!)

"在这里",直指在蓬莱路第二小学的百年文化中,在地处老城厢的校园环境内。学校即社会,教育即生活,"这里",特指通过"蓬莱小镇"课程所营造的小社会的情境。"这里",是每一个蓬二学子童年成长的沃土;也是每一个蓬二教师成就自我的舞台。"这里",泛指助力每一个"蓬二人"自我发展、自我成长的温暖家园。

未来,是一个时间概念词,相对于过去和现在而言,是指从现在开始往后的时间。未来还没有到来,充满无限可能,值得探究、发现和期待!美国著名未来学家、趋势学家丹尼尔·平克指出:未来属于那些拥有与众不同思维的人,决胜于未来的人应该具有的六种能力是:设计感、娱乐感、意义感、故事力、交响力和共情力,即有创新设计的能力、有会玩的本领、有自己的追求、有讲故事的能力、有统筹跨界的能力和与人交往相处的能力。

对我们发现的"未来",学校有着特定的诠释。

我们认为,学生即是未来。"我们发现未来"的第一层意思,是指教师要发现每一个学生。教育即发现,这是我们对教育本原的思考。我们认为,教育的使命在于发现,发现每个孩子身上独有的特点与个性,包容和接纳学生的不同观点,用长远的目光发现和发展每个孩子的潜能,让那些看上去差不多的孩子变得更像他们自己。

我们认为，课程面向未来。"我们发现未来"的第二层意思，是指我们要研究面向未来的教育，为学生获得适应未来发展所需要的必备品格和关键能力提供支持。我们的学生都将成长为未来社会人，小学阶段的教育不能只考虑他们在校的五年，应该着眼于他们未来的发展。这就要求我们有长远的教育眼光，了解未来社会发展对每一个社会人的要求，研究面向未来的教育，构建为学生未来成长打基础的课程体系，培养适应于未来社会发展的儿童。"蓬莱小镇"课程立足于未来社会人的培养，在微型社会生活的学习情境中帮助学生认识和发现自己，展望和创造未来，逐步拥有适应未来社会发展的综合素养。

我们认为，学习成就未来。"我们发现未来"的第三层意思，是指我们要研究学生的身心发展规律和认知规律，转变学生的学习方式。我们认为，学习既是对社会的发现，对人与自然的发现，对未知世界的发现，也是对自我潜能的发现。因此，在学生的学习过程中，我们强调鼓励和保护学生对外界事物的好奇心和求知欲，启发和引导学生通过体验、探究和思考发现未知世界，这既有利于发展学生想象力和创造力，也有助于让学生学会学习，培养学生的问题解决能力与实践创新能力。

我们认为，师生共创未来。"我们发现未来"的第四层意思，是指师生共同在学习过程中发现未来的自己，师生形成"未来共同体"同创未来。教育是发现，教育也是引导发现。教师和学生在学习的双向互动过程中，唤醒"自我发现"的意识，由自我发现产生自我了解，自我认识和自我鉴赏，从而逐步引导自己明晰"我现在要做什么""我未来的梦想是什么"。学生通过五年的小学学习拥有对未知事物的好奇，对未知知识的渴求，对未来世界的想象，对未来人生的规划，教师也在课程实践与研究中发现自己的潜能，明确自己作为教育人的担当，规划自身的专业发展。

二、学校育人目标

基于学校办学理念，以培育孩子具有未来社会人的核心素养为价值取向,按照基础教育的定位、人的成长和发展规律及蓬二学生的特点,学校提出了12字的育人目标,即培养"守规则、懂礼仪、展个性、乐创新"的未来社会人。

守规则:养成良好的规则意识,学会自我约束和自我管理,讲诚信,有责任意识,言行举止能适应未来社会发展的基本要求。

懂礼仪:懂得生活中的基本礼仪,自尊自爱,尊重他人,乐于助人,养成良好的个人文明礼仪行为和习惯。

展个性:在学习生活中敢于表达自己的想法,有自己的兴趣爱好和特长,有良好的审美情趣及心理素质,身心健康。

乐创新:学会学习,敢于提问,会独立思考,善于运用不同的方法解决生活中真实的问题,在实践中探究发现,在劳动中学会创造。

三、"蓬莱小镇"课程理念

基于学校"在这里,我们发现未来"的办学理念,以及"培养'守规则、懂礼仪、展个性、乐创新'的未来社会人"的育人目标,结合对课程的理解,我们提出了"走进小社会,发现大世界"的课程理念。儿童都将成长为未来社会人,课程要为儿童获得适应未来发展所需要的必备品格和关键能力提供支持。"遇见未来 预见未来"之课程理念,倡导课程应立足于未来社会人的培养,在学校模拟的微型社会及真实生活情境中帮助学生认识和发现自己,展望和创造未来,拥有适应未来社会发展的综合素养。基于此,我们认为:

——课程即生活经验。美国教育家杜威认为"学校即社会,教育即生活"。他主张课程应当还原为儿童的生活经验,只有连续的、能促进儿童生长的经验才能进入课程。因此,学校要把传授知识的课堂变成儿童活动的乐园,让儿童真正走入生活、走进社会大课堂中去探究和发现,让儿童在主动投入的课程活动中不知不觉地创生新经验、新意义。

——课程即探索体验。学习不是被动地吸收现成结论,而是一个充满情感体验、思维碰撞的过程。知识是在经验的基础上建构的,儿童的经验来自两个方面,一个是直接经验,另一个是间接经验。儿童是与生俱来的探索家。课程应以体验、探究等学习方式为主,以角色扮演、情景模拟等多种形式展开,注重情境学习,注重儿童体验探究,让儿童在"做中学""学中做",在学习过程中遇见真实的自己,并不断完善自我以更好地适应未来社会。

——课程即个性生长。有人认为,个性化教育将成为21世纪教育的必然选择,也是教育改革的核心。个性化教育实质是以儿童的个性差异为重要依据,让每一个儿童都找到自己个性才能发展的独特领域,以个性充分发展,人格健全为目标的教育。个性孕育了创新,创新展示了个性。具有独立意义的人就是有个性的人,有个性的人一定是有价值的人。学校课程在培养儿童遵守规则的同时,尊重个性,关注儿童个性培养,尊重儿童的内在精神力量。

——课程即多元发展。加德纳认为,人的智能是多元的,每种智能在每个人身上的表现程度和形式不一样。课程是儿童潜能发展的资源,良好的课程应有助于开发学生内在潜能,满足不同学生发展需求,应有助于学生拓宽视野,促进必备品格和关键能力的培养。学校课程应立足儿童不同潜质、关照儿童不同需求,遵循个体的差异性和整体性,并通过多元评价,让儿童实现差异发展与全面发展的和谐统一。

第三节 "蓬莱小镇"课程的架构

"蓬莱小镇"课程致力于满足学生多元的发展需求,为孩子营造平等和谐的学习情境、自由钻研的探索环境,以及与人交往的合作氛围和个性发展的生长空间,让学生在模拟的小社会中探索体验和发现,从而丰富其经历,培养孩子具有未来社会人的核心素养。

一、"蓬莱小镇"课程的建设目标

我们将涵盖基础型、拓展型和探究型课程的"蓬莱小镇"课程建设总目标定位为：在小社会情境中通过体验、实践、感悟了解和发现自己，认识和探究社会，展望和创造未来，逐步获得良好的心理素质及质疑、观察、讨论、合作、管理、创造等具有未来社会人的核心素养，养成良好的学习习惯、行为习惯及正确的价值观，满足孩子个性发展的需求。我们期望，通过"蓬莱小镇"课程建设，为学生提供灵活多样的课程设置和学习选择，更好地培育学生具有未来社会人的核心素养。

（一）基础型课程建设目标

1. 基于课程标准

贯彻落实 2022 教育部新的课程标准，依据上海市教育委员会"基于课程标准的教学与评价工作"，遵循小学生身心发展规律，科学开展教学工作，落实教学"五环节"，切实减轻学生过重的学业负担、心理压力，促进每个学生健康快乐成长。

2. 注重探究发现

鼓励学生在自主探究中发现问题、提出问题，在合作互动中解决问题，具有初步的创新精神、实践能力和可持续发展能力。

3. 关注习惯养成

培养学生善于观察、敢于质疑、乐于合作等良好的学习习惯，培养学生健康的心理素质、良好的行为习惯及正确的价值观。

4. 凸显教学有效

以丰富多样的活动形式，激励、启迪、引导学生作为课堂主体参与学习过程，从而具有适应终生学习的基础知识、基本技能和学习策略，为适应未来发展所需要的必备品格和关键能力提供支持。

（二）拓展型、探究型课程建设目标

1. 关注学生个人经验，引导学生认识自我，了解自我，培养学生挑战自我和展现自我的能力。

2. 提供模拟的小社会情境，帮助学生认识和探究自己身边的社会，培养规则意识，在体验中学习与同伴交往。

3. 注重拓宽学生的视野，培养学生发现问题、提出问题和创造性解决问题的能力，并通过职初体验为规划自身未来发展打好基础。

二、"蓬莱小镇"课程的结构设计

"蓬莱小镇"课程的实施旨在落实基础型课程的基本要求，提高基础型课程的教学质量，同时，规范拓展型、探究型课程的开发与实施，注重学生的实践、体验和探究，使课程满足学生个性发展需求，让每个学生在德、智、体、美、劳等方面获得全面发展。根据学校的课程建设目标，学校站在全局立场上，对学校课程进行顶层设计、整体构架。在对三类课程的充分关照之下，以基础型课程和拓展探究型课程为基础，着力构建与学校课程文化内涵相匹配的，使每个学生个性和特长都能得到相应发展的课程体系。目前，学校已初步形成了"蓬莱小镇"课程框架（见下图）。

"蓬莱小镇"课程框架中，国家与地方课程包括道德与法治、语文、数学、英语、自然、唱游/音乐、美术、体育与健身、信息科技及劳动技术等课程。这一类课程的实施，着重贯彻落实上海市"基于课程标准的教学与评价工作"要求，遵循小学生身心发展规律，科学开展教育教学工作，切实减轻学生过重的学业负担，促进每个学生健康快乐成长。

校本课程分必修课程和选修课程。必修课程包括品德教育、专题教育、书香花园、运动中心等。品德教育由仪式教育、行规教育、社会实践、家庭教育等课程组成；专题教育由少先队活动、心理健康、安全卫生及毕业班课程组成；运动中心由乒乓、游泳、足球等课程组成。选修课程包括"蓬莱小镇"拓展型课程、小镇社团、小镇大讲堂、魔法小书店、小镇研究院

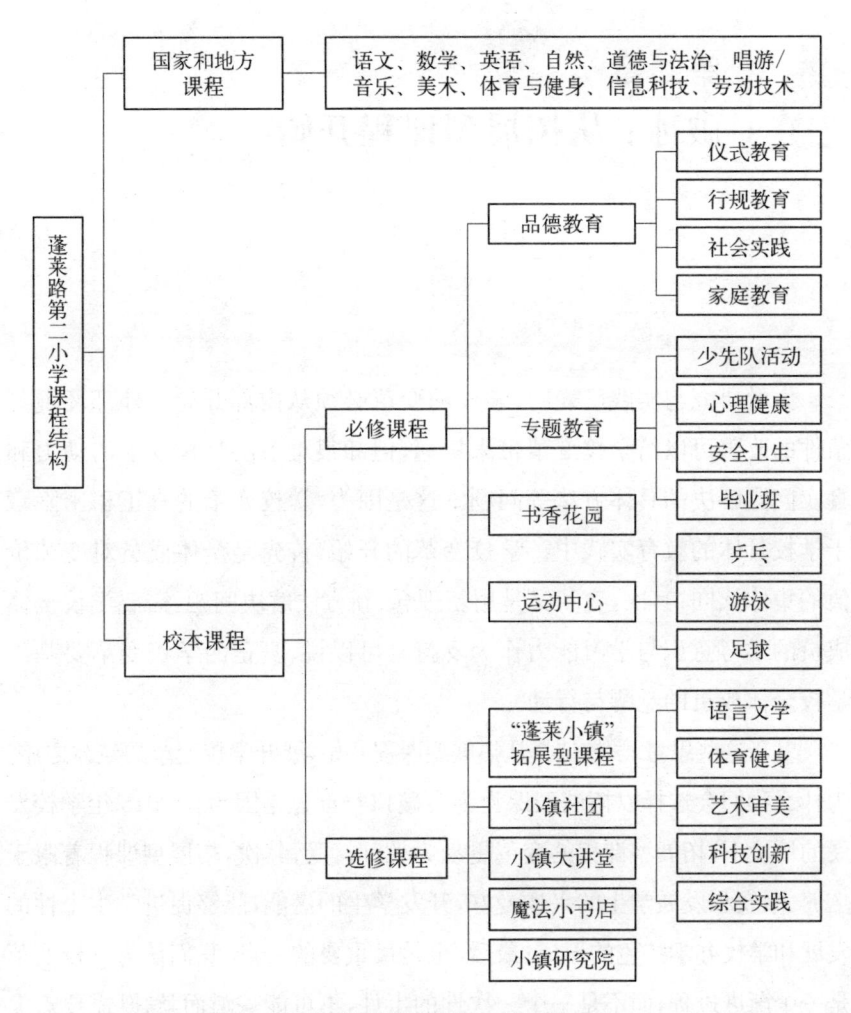

```
                         ┌─ 国家和地方 ──── 语文、数学、英语、自然、道德与法治、唱游/
                         │   课程           音乐、美术、体育与健身、信息科技、劳动技术
                         │
                         │                              ┌─ 仪式教育
                         │                              ├─ 行规教育
                         │                  ┌─ 品德教育 ─┤
                         │                  │           ├─ 社会实践
                         │                  │           └─ 家庭教育
                         │                  │
蓬莱路第二小学            │                  │           ┌─ 少先队活动
课程结构 ─────────────────┤       ┌─ 必修课程 ─┤           ├─ 心理健康
                         │       │          ├─ 专题教育 ─┤
                         │       │          │           ├─ 安全卫生
                         │       │          │           └─ 毕业班
                         │       │          │
                         │       │          ├─ 书香花园
                         │       │          │           ┌─ 乒乓
                         └─ 校本课程          └─ 运动中心 ─┤ 游泳
                                 │                      └─ 足球
                                 │
                                 │                      ┌─ 语言文学
                                 │          ┌─"蓬莱小镇"├─ 体育健身
                                 │          │  拓展型课程├─ 艺术审美
                                 │          │           ├─ 科技创新
                                 └─ 选修课程 ─┼─ 小镇社团  └─ 综合实践
                                            ├─ 小镇大讲堂
                                            ├─ 魔法小书店
                                            └─ 小镇研究院
```

"蓬莱小镇"课程体系框架图

等课程。其中小镇社团包括语言文字类、体育健身类、艺术审美类、科技创新类、综合实践类等课程。课程关注学生个人经验,引导学生认识自我、了解自我,培养学生挑战自我和展现自我的能力;提供模拟的小社会情境,帮助学生认识和探究自己身边的社会,培养规则意识,在体验中学习与同伴交往;注重拓宽学生的视野,培养学生发现问题、提出问题和创造性解决问题的能力,并通过职初体验为规划自身未来发展打好基础。

第二章
破冰：从拓展型课程开始

大量研究与实践已表明，学校的变革必须从内部开始。外部环境与条件的改善可以给学校变革带来机遇，但却很难解决学校变革的动力和真实问题解决的具体方法等问题。这是因为，学校变革的真正秘密隐藏于学校具体的教育实践中。学校变革的开始，首先是全体成员对变革价值的集体认同；其次，变革又是用新理念、新方法解决问题，需要学校全体成员的学习意识与学习能力作为支持。可以说，真正的学校变革要基于学校全体成员的觉醒与行动。

基于这些思考，学校选择从拓展型课程开始，展开学校变革的破冰之旅。为什么我们会选择以拓展型课程为突破口？首先是因为在2013年学校发展的情境下，拓展型课程的变革更易为教师接受；其次，拓展型课程着眼于培养、激发和发展学生的兴趣爱好，开发学生的潜能，能够促进学生个性的发展和学校办学特色的形成；最后，也是最重要的一点，我们认为学校变革是一个渐进过程，而不是一个一次性的事件，不可能一蹴而就，既需要点上突破积累经验，也需要通过努力让全体成员看到变革的价值进而产生认同，同时潜移默化改变教师观念，使变革成为内部的自觉而非外部的推动。

第一节 "蓬莱小镇"拓展型课程的体系架构

"蓬莱小镇"拓展型课程期望围绕小社会的主题，通过综合性活动内容和形式的实施,致力于培养学生广泛的兴趣爱好,满足学生个性化发展的需求,通过创造社会角色扮演的真实情境,培养学生独立完成各项任务的能力,增进和丰富学生的社会体验,激发学生的学习内驱力,培育学生适应未来社会发展的核心素养,助力他们的终生学习和可持续发展。

一、"蓬莱小镇"拓展型课程的理念

学校秉持"做中学"的教育思想,将微型社会引入校园,让学生在真实的社会情境中,以问题解决为驱动,通过体验、探究等学习方式,以及角色扮演、情景模拟等多种形式展开课程学习,引导学生"做中学""学中做"。基于此,我们把"走进小社会,发现大世界"作为"蓬莱小镇"拓展型课程之理念,期待我们的学生能真正走入生活、走进社会大课堂中去探究、发现,并不断完善自我,以更好地适应未来社会。

二、"蓬莱小镇"拓展型课程的目标设计

"蓬莱小镇"拓展型课程基于"做中学"教育思想,把象征微型社会的"小镇"概念引入校园,模拟社会真实情境,为学生提供选择性、适应性、发展性的学习机会和载体。

(一)课程领域目标

学校项目组通过文献研究,了解国内外有关未来社会人核心素养教育的内容与方法;通过问卷、访谈等多种方式的调研,分析我校学生身心发展的现状与需求;结合学校"在这里,我们发现未来"的办学理念和"守规则、懂礼仪、展个性、乐创新"的育人目标,"蓬莱小镇"拓展型课程的目标定位为:在"小镇"情境中体验小小社会人角色,了解和保护自己,认识和探究社会,展望和发现未来,成为守规则又有个性的未来社会小公民。秉持"学校即社会,教育即生活"的思想,基于目标中的"自己""社会"和"未来"三个关键词,我们将"蓬莱小镇"拓展型课程划分为"我

和自己""我和社会"和"我和未来"三大领域,并确定了各领域的具体目标(见下表)。

"蓬莱小镇"拓展型课程各领域目标

课程领域	分领域目标
我和自己	认识和了解自己,能够自我管理,学习保护自己,乐于展现自己,敢于挑战自己,能独立思考、展示个性
我和社会	认识和探究身边的社会,有劳动的兴趣和习惯,掌握基本的劳动技能,乐于和他人沟通和交往,有规则意识并能自觉遵守规则
我和未来	对未知事物持有好奇心,善于发现问题,敢于提出问题,乐于创造性解决问题,对未来有梦想

(二) 分年段课程目标

依据"蓬莱小镇"拓展型课程各领域目标,根据不同年段学生身心发展特点,我们确定了"蓬莱小镇"拓展型课程分年段课程目标(见下表)。

"蓬莱小镇"拓展型课程分年段课程目标

板块	第一、第二社区(低段)	第三、第四社区(中段)	第五社区(高段)	自由社区(低中高段)
我和自己	1. 能初步认识自我,了解自我,在实践体验中有自己的思考和个性 2. 能在实践体验中有自我管理和自我保护的意识,乐于自我表现和自我展示	1. 能了解自我和认识自我,在实践体验中会独立思考,发挥个性 2. 能在实践体验中学习自我管理和自我保护的方法,乐于自我表现和展示,尝试挑战困难	1. 对自我有较为充分的认识,在实践体验中有独立思考和判断,能展示个性 2. 能在实践体验中做好自我管理、自我控制、自我保护,乐于自我表现和展示,敢于自我挑战	能在不同年级学生群体中认识和了解自我,能在实践活动中独立思考,展示个性 (不同年段学生其他目标详见分年段目标)

续　表

板块	第一、第二社区（低段）	第三、第四社区（中段）	第五社区（高段）	自由社区（低中高段）
我和社会	1. 喜欢探究和发现身边的社会，有规则意识。喜欢参与劳动，珍惜劳动成果 2. 能在团队合作体验中有意愿和同伴分享交流	1. 主动探究和发现身边的社会，能遵守基本的社会规则。有良好的劳动习惯，能掌握基本的生活劳动技能，乐于服务他人 2. 能在团队合作体验中积极参与、主动和同伴分享交流心得体会	1. 主动探究和发现身边的社会，能遵守规则和制定规则。乐于参与社会劳动，掌握基本的劳动技能，尝试在劳动中创造 2. 能在团队合作体验中，积极参与、大胆热情和同伴分享交流心得体会	能在不同年级学生群体中互相帮助，共同参与社会劳动，能和不同年级学生友好沟通（不同年段学生其他目标详见分年段目标）
我和未来	1. 对未知事物充满好奇心和想象力，能比较专心地观察和思考，喜欢提出问题 2. 初步了解小社会中的各种不同的职业活动	1. 充满好奇心和想象力，能比较专注地观察和思考，能提出问题并自己尝试解决 2. 关注体验各种有兴趣的职业活动	1. 依然充满好奇心和想象力，能专注地观察和思考，能发现问题、提出问题并想方设法甚至创造性解决问题 2. 对自己的未来有梦想，具有对未来职业的向往	能与不同年级学生共同合作，团队解决问题（不同年段学生其他目标详见分年段目标）

三、"蓬莱小镇"拓展型课程的内容体系

"蓬莱小镇"课程内容及框架设计上严格遵循两大原则：一是尊重学生意见，满足学生需求，通过调查问卷等形式全面了解学生想法；二是发挥教师特长，激发教师潜能，教师通过两两自由组合，共同提出课程开发

15

申请。小镇课程内容体系是基于课程目标,根据"我和自己""我和社会""我和未来"三大维度,在综合学生"希望学什么"和老师"擅长教什么"两个层面意见的基础上构建起来的。

学校首先根据学生发展需求和身心发展规律,以年级为单位,将五个年级和小镇课程中的五大社区一一对应。每个社区包括8个小课程,共计40门基础课程。2016年初在保留原有基础课程框架模式的基础上,针对学生更多个性化需求的问题,决定打破年级壁垒,增设"混龄自选模块"即第六大社区(自由社区),至今已陆续增加至7门课程。在自由社区内学生不分年级,自由选择,实行走班制教学。2019学年,小镇课程总数已达48门,并将在实践中不断调整更新(见下表)。

"蓬莱小镇"拓展型课程基本框架

板块	第一社区	第二社区	第三社区	第四社区	第五社区	自由社区
我和自己	牙病防治所	五官科医院	小镇美发厅	印染小作坊	魔方体验店	小算盘银行 布艺玩具店
	彩泥俱乐部					
	沪语小学堂	ABC广播台	快乐小舞台	服装设计室	咔嚓照相馆	
我和社会	星星邮电局	超人魔术团	便利小超市	正义小法庭	茶艺工作坊	超能维修站 TIA情报局 化妆品公司
	每日鲜菜场	美味中餐厅	镇健身中心	趣味棋牌室	远游旅行社	
	红色消防局	红星警察局	民族戏剧团	星光电视台	创意发饰店	
	游戏小弄堂	小园艺中心	五星西餐馆	建筑设计院	超级电影院	
我和未来	魔法小书店	镇环保中心	小镇气象台	阿拉丁剧场	LEAD创意空间	电子实验室 WOW实验室
	恐龙博物馆	镇公交公司	镇航空公司	机器人工厂	小镇设计院	

每一门课程均由两名教师合作开发。根据"蓬莱小镇"课程总目标和分年段目标,每一门课程都找到了其在整个课程框架体系中的坐标,并确立了该课程的目标。在目标确定的基础上,两名教师策划拟定十个不同

主题,并围绕不同主题设计综合活动内容,基本以一门课程20课时为单位。例如第三社区"便利小超市"课程中,教师根据三年级学生年龄特点及"我和社会"分板块目标确立了该课程的目标,并设计了"收银机的使用""商品的摆放""问卷小调查""促销海报制作"等10个活动主题;又如第一社区"红色消防局"课程设计了"淘气火宝宝""消防接线员""逃生小专家""神奇消防车"等10个活动主题。

教师给每个课程编写一本校本学习活动手册,配合课时统一为10讲,从形式上要求图文并茂,充满童趣,从内容上要求围绕目标,条理清晰,关注学生的体验和经历,注重创造性思维的培养。目前《蓬莱小镇》系列活动手册已完成全套48本的编写工作,教师在具体的教学实践中结合课程对已完成的教材做进一步的调整和修改。同时,每个课程的教师都用"课程纲要"的方式呈现自己对所开发的课程的系统思考。以第三社区"快乐小舞台"为例。

【案例】

"快乐小舞台"课程纲要

一、课程背景

"蓬莱小镇"是我校的校本拓展型课程,课程目标是通过小镇情境的营造,小小社会人角色的体验,使学生了解和发现自己,认识和探究社会,展望和创造未来,培养既有个性又守规则的蓬二学子。

"蓬莱小镇"课程划分为"我和自己""我和社会"和"我和未来"三大板块,其中"我和自己"板块主要是关注学生个人经验,引导他们认识自我,了解自我,进而培养学生挑战自我和展现自我的能力。"快乐小舞台"就是"我和自己"板块中的一个科目,它以三年级学生熟悉的以小镇元素为题材的《一个神奇的小镇》为蓝本,节选其中的经典段落。让学生在舞台剧排演的过程中不但体验到要想穿上华丽服装、化上美丽妆容、登上绚丽舞台表演并不是一蹴而就的，在那些光彩的背后不仅有演员自身的不断努力，更有许许多多默默付出的身影。同时也能在排演中不断挖掘自身的潜能，增强自信，展现自我，发现最出彩的自己。

二、课程目标

1. 观赏经典剧目，了解要呈现出一台舞台剧需要的岗位分工；知道各个岗位职业工作的内容和职责。

2. 通过"调查问卷"自主选择活动内容，完成初步的分组；运用感知模仿、体验实践、小组学习、团队教师引导等方法；在互助、分享、合作过程中明白扬长避短，不断地完善自我，增强自信，发掘自身潜力，展现特长，找到最适合自己的工作。

3. 在各个部门的协作中尝试呈现一台完整、精彩的舞台剧；展现自我能力，在合作中增强团队意识，分享成功的喜悦。

三、课程内容

活动模块	活动主题	主要内容及要求	课时
基础认知	主题1：我们快乐小舞台	1. 初步了解小舞台需要的岗位分工 2. 知道各岗位职业需要承担的任务	2
	主题2：观赏经典舞台剧	1. 观赏剧目片段，了解剧情 2. 讨论剧中主要人物的性格特征	2
自主选择	主题3：导演编剧竞上岗	1. 明确导演、编剧需要完成的任务 2. 交流自己创编的小剧本，竞选编导	2
	主题4：服装化妆趣味多	1. 了解化妆的基本技巧，尝试为主要演员创作妆容 2. 知道服装师的主要任务	2
	主题5：舞台布景巧构思	1. 了解创作舞台布景的主要要素 2. 分组创编适合剧情的舞台布景	2
	主题6：海报剧票小制作	1. 了解海报宣传的意义与作用 2. 创编适合剧情的海报、剧票	2

续 表

活动模块	活动主题	主要内容及要求	课时
自主选择	主题7：应聘剧目小演员	1. 学习剧中角色的台词表演 2. 各工作组按要求完成任务	2
	主题8：设计剧场座位表	1. 了解剧场座位的安排原则 2. 设计合理的座位表	2
综合呈现	主题9：小小舞台发布会	1. 宣传组同学主持演练发布会流程 2. 各组分工合作，完成宣传发布会	2
	主题10：模拟快乐小舞台	1. 各组分工完成表演前的准备工作 2. 在团队合作中呈现一出舞台剧	2

四、课程实施

1. 适合对象：第三社区(三年级)学生，学生通过学校的网上自主选课系统组成，每班人数以25—30人为宜。

2. 课时安排：共10次课程，每周1次，每次2课时(70分钟)。

3. 教学资源

(1) 专用音乐教室；

(2) "蓬莱小镇"校本拓展课程第三社区《快乐小舞台》自编教材；

(3) 课程活动的相关材料。

4. 实施策略

(1) 自主体验：以学生为本，满足他们的自主选择的需求；

(2) 团队协作：学生在小组合作中学习探究，在团队互动中完成任务。

五、课程评价

1. 评价内容

(1) 出勤情况；

(2) 完成活动任务情况；

(3) 对探究能力和表现的评价。

2.评价工具

(1)蓬莱小镇护照；(2)评价表；(3)即时评价积分系统。

（蓬莱路第二小学　李琦）

四、"蓬莱小镇"拓展型课程的设置安排

"蓬莱小镇"拓展型课程全部48个课程分布在6个社区，其中第一社区9个课程，第二至第五社区分别有8个课程，自由社区7个课程。"蓬莱小镇"拓展型课程的学制为半个学期(以10周计算)，每周安排一次，每次两课时连上，共计70分钟。小学五年里每个学生共可以选修20个课程，每学年可选修4个课程，每学期选修2个课程，其中上半学期和下半学期各选修一个课程。（见下图）

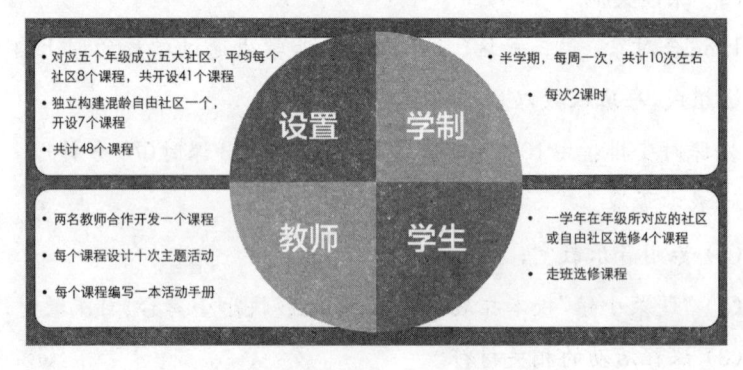

"蓬莱小镇"拓展型课程的设置安排

第二节 "蓬莱小镇"拓展型课程的实施策略

学校成立分年级"蓬莱小镇"拓展型课程教研组，根据每个小课程在整个课程体系中的坐标及对课程内涵和外延的集体解读、讨论研究，进一步细化课程目标，界定课程内容，明确教学任务。在此基础上，教研组通过课堂教学研究，着眼于激发兴趣、培养习惯、丰富经历，形成了以实践、

体验、探究为主的课程实施方式。集体教研引导教师关注学生学习的过程,淡化知识与技能习得的结果,培养学生在实践过程中发现问题、提出问题,甚至创造性解决问题的能力;引导教师注重群体活动的设计,创造学生团队之间合作的机会,培养学生在集体中遵守规则的意识,提升与人交往的能力。

一、设计课程实施路径

(一) 网上选课,个性化学习

为更好地满足学生个性化学习需求,规范全校学生的选课管理,2014年学校搭建了小镇课程线上选课系统,系统采用动画页面风格配合营造"小镇"的模拟情境,同时该选课系统添加了所有课程的内容简介和活动照片的查询功能。学生可以在正式选课之前通过选课系统提前了解不同课程的活动主题,根据自己的兴趣爱好做好选课准备。每学期末指定选课时间,学校将开启选课系统,学生可以自由在线上选修下一学期自己心仪的课程。系统后台将自动生成全校选课数据,学校根据选课情况生成各班学生选课表和各课程学生名单,从而做好全校学生跑班上课的管理。选课平台还将自动生成每个学生的"蓬莱小镇"电子护照,记录学生每一学期的选课信息,学生选课的数据也为全面了解学生,构建学生数字画像等工作做好了数据积累。

(二) 混龄走班,合作学习

2016年,在保留原有课程框架的基础上第一次打破课程的年级壁垒,增设"自选模块"——自由社区。打造自由社区的目的是为了创设不同年级学生在一个学习空间共同学习的机会,并生成不同年龄段儿童合作学习的活动情境以丰富学生的社会交往体验。自由社区面向不同年级学生实行混龄教学,这就要求教师根据教学对象的不同调整教学方法实施因材施教,也为教师开展混龄教学研究提供了实践基础。混龄教学为学生创设了真实的问题情境,引导学生以大带小,互助合作解决问题。最先"进驻"自由社区的是"电子实验室"和"超能维修站"两门课程,受到全校学生的欢迎。2017年9月再次增加"WOW实验室"和"TIA情报局"两门课程。如今自由社区已经增加到七大课程,每一个都是"蓬莱小镇"里的热门课程。

(三)走出校门,社会实践

模拟社会情境中培养的学生公民素养到底效果如何,需要在真实的社会情境中检验。2016年起,学校找到相应的校社互动、共同培育学生公民素养的有效载体,小镇课程在打破年级选课壁垒的基础上首次打破学校和真实社会的壁垒。"创意发饰店""红色消防局"等课程走上南京路为市民公益服务。2016年起,学校充分利用社区资源,开发了包括社区派出所、消防局、大富贵饭店、华联吉买盛、上海电视台、和平眼科医院、国枫律师事务所等单位在内的近20家"蓬莱小镇"小镇民实习基地。选修这些课程的小镇民们每一轮课程学习中都会有一次"出差"的机会,走进真实社会,参与社会实践,检验学到的本领。

二、创新课程实施策略

(一)情境创设,体验随时随地

1. 小镇情境。"蓬莱小镇"拓展型课程为学生营造了一个逼真的小镇情境,年级就是社区,教室变成医院、邮局、银行等48个小社会活动场所,每个学生在这个小社会情境中变身小镇民,每个人都拥有小镇护照、货币、存折和银行卡。在"护照"的扉页上,每个小镇民都写下只属于自己的镇民宣言。"护照"的内页则是小镇民在校期间所参加的全部小镇课程的印章,记录学习轨迹的同时也能满足小学生集章的喜好和需求。小镇情境中打造了全体镇民应该共同遵守的规则,这些规范是从1 000多条小镇民提案中归纳、筛选、整理而成,经过投票产生10条形成"蓬莱小镇镇民守则"。主要规范包括：前往小镇活动场所途中应靠右行走,不在小镇里大声喧哗,看见其他小镇民特别是比自己年幼的小镇民有困难时要尽自己努力提供帮助,等等。

2. 专属标志。课程实施过程中,从学生视角出发设计了专属的"小镇护照""小镇货币""小镇存折""小镇地图"等。每门课程也都有自己的专属制服或配置,如星星邮电局的绿色工作服和小邮包、红星警察局的警服和小头盔、小园艺中心的头巾和围裙等。为了打造更真实的小镇场景,几乎所有的课程都配备了和教学内容对应的学具。如美味中餐馆的锅碗瓢盆、五星西餐馆的烤箱餐具,TIA情报局的对讲机和帐篷,镇环保中心的分贝仪和水质检测器等。专属标志充分营造小社会的氛围感,让学生在课程实践中充分代入、置身其中,变身真正的小镇公民。

3. 创意空间。在有限的校园空间里,我们打造了多功能的课程空间,例如小镇超市、小镇体育公园、小镇气象站等。2015年10月,通过市创新实验室项目的申请,一辆根据学生的愿望由废旧大巴改造成的可以开展教育教学活动的"公共汽车教室"诞生了,并衍生出英语角、迷你驾校、巴士音乐会等一系列小社会专属活动,该项目获评上海市创新实验室案例一等奖。

(二)任务驱动,解决真实问题

2013年,全新的"蓬莱小镇"课程启动,40个课程的80位教师都在摸索中研究课程实施的路径。在尝试使用基础型课程教学方式推进受阻后,各教研组就此问题展开组内行动研究。一段时间后,教师们不约而同发现学生更喜欢动手实践、玩玩做做的课堂教学模式,在一系列目标引领的小任务完成过程中学生的注意力能够保持相对长时间集中,因此"情境+任务群"的教学模式在"蓬莱小镇"课程中推广使用。

"情境+任务群"的教学模式包括四个步骤:一是根据主题确定目标;二是根据目标创设情境;三是根据目标依托情境设计任务群;四是根

据目标过程评价。四个步骤推进过程中要注意四个要点：一是情境的创设要源自学生的真实生活；二是任务的设计要能调动学生原有经验，并引导学生在实践中体验和探究，从而获得新经验；三是小任务间有螺旋式层递关系，即每个任务的完成为"解锁"下一项任务做好了铺垫，且每个任务完成将距离教学目标更近一些；四是评价方法多元且融入实践的过程。在小社会情境中，"蓬莱小镇"课程的实施以任务驱动的方式引导学生体验和实践，从而发现问题和解决问题。

【案例】

便利小超市——商品的摆放

一、"便利小超市"课程活动主题背景

"便利小超市"是"蓬莱小镇"第三社区"我与社会"板块（即三年级）中的一门课程。"便利小超市"中《摆放的奥秘》这一课打破了探拓型课程和基础型课程的壁垒，融入了语文学科中的表达与交流、数学学科中的收集、筛选、统计、绘制图表、分析数据等基础型课程的元素，同时渗透了"五育并举"中的德育、美育元素。这堂课意在让学生经历"发现问题—解决问题—分享成果"这一系列过程，并在体验活动中运用已经知晓的研究性学习的方法，进而学习新的探究方法，提升学生研究性学习的能力。

二、学习目标

1. 通过去超市"出差"中习得知识，结合在"盘点货物"和"调查问卷"中统计的数据，观察、发现、分析小超市货架上商品摆放存在的问题。

2. 在活动中，按照商品分类、顾客需求、合理利用空间、布局美观等要求，调整商品的摆放。

3. 学习综合分析问题的方法，以团队合作的方式，相互交流，探寻货架商品摆放的奥秘，并进行成果表述。

三、核心问题及问题链

"摆放的奥秘"中最核心的问题就是面对即将到来的小镇购物日活

动,超市的小镇民该如何调整摆放货架上的货品。在摆放的这一核心问题中,就分解出了如何引导学生根据"问卷小调查"这堂课中收集、筛选、统计、分析出的数据,根据"盘点库存货"这堂课中统计出的结果,并结合在"出差"中习得的如何合理摆放货物的知识,按照货物品种、颜色分类摆放;以方便不同年级小镇民拿取为原则,调整摆放;利用各种工具,探究其不同的使用方法,充分利用货架上的纵深空间,以腾出更多空间用于摆放新进的货物。

四、课堂活动流程结构图

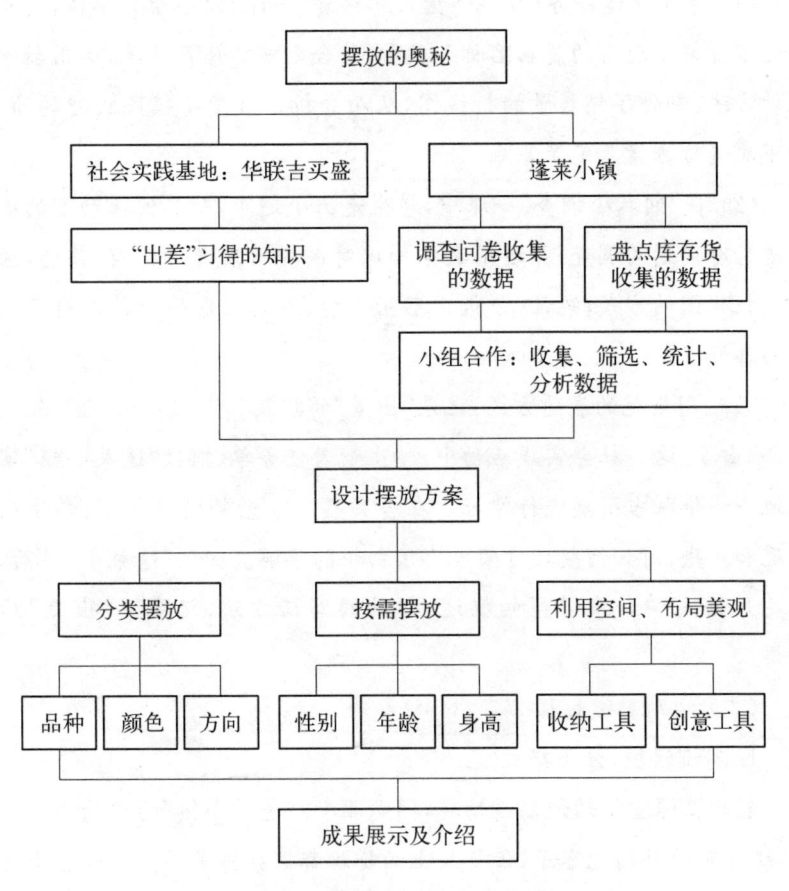

《摆放的奥秘》课程活动结构图

蓬莱小镇：从"小社会"走向"大世界"

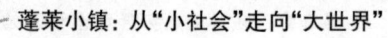

五、活动关键过程

（一）课前探秘储备

1. 引导学生分工合作

在这堂课前，我们让学生以小组的形式，认领自己的任务区域。组内的分工则由组长与组员协商，按组员的特长分配，例如个子高的组员负责最上层区域的货架整理。教师引导学生在团队合作中，明确自己的任务，配合其他组员一起完成任务，营造与人交往的合作氛围。

2. 运用数学知识，掌握小镇民对不同货物喜爱度的"大数据"

（1）学生通过筹备阶段中"盘点库存货"一课，以小组为单位，清点了小超市货架上现有的货物名称和数量，结合之前的库存清单，运用数学的统计方法，制作了销售量的折线图，从而分析出最受小镇民欢迎的商品，为下次进货方案奠定了基础。

（2）在"问卷小调查"一课中，学生走出小超市，对其他活动室的小镇民进行有计划的调查，并运用数学知识对调查结果进行整理、筛选，通过绘制柱状图的方式，统计、分析出不同年龄、不同性别的小镇民对各类商品的喜好度。

3. 运用规范的表达方式，记录"出差"的收获

"出差"这一社会实践活动中，学生带着任务单，前往"蓬莱小镇"实践基地——华联吉买盛进行学习。在吉买盛专业老师的带领下，学生通过参观和实践，对如何整理货架也有了初步的了解。回到"蓬莱小镇"后，学生运用语文学科中习得的描述、归纳的写话方法，记录下"出差"后的所得。

（二）活动关键过程

1. 创设情境，分类摆放

教师在课堂伊始便创设情境，问题驱动："蓬莱小镇"的购物周即将到来，小超市要开门迎客了，但货架上的货物都摆放好了吗？从而引出探究的主题——"摆放的奥秘"。

学生自由观察小超市的货架，联系"出差"活动后记录的任务单，自主探究，在任务中发现问题。

在观察货架时，学生以按照货物属性、颜色等分类为原则，发现货架上存在的问题，并进行交流。交流中，教师及时点评，及时点击到"分类"二字，加深学生学习货物分类的依据，再次巩固货物分类摆放的技巧。

学生以小组为单位，在组长的带领下，分工合作解决货架上货物分类的问题。在这个环节中，教师在巡视时，及时对于学生未分类的商品给予提醒，帮助学生一起将货物摆放正确。在之后的成果展示时，学生基本上能将货物按照属性、颜色分类，并将其摆放整齐。

2. 根据统计的数据，按需摆放

在"出差"活动中，吉买盛工作人员在指导学生理货架时曾经说过"往往考虑把老年人喜欢的货物放在中间几层货架上"。教师带领学生回顾这句话，并探究其中的原因。从而发现，在整理货架的时候，不仅要正确分类，还要考虑到如何让不同年龄层次的顾客更方便地拿取货物。

学生合作讨论并分工把高处货物往下移，把低处货物往上移。教师在活动中巡视，关注学生团队合作的能力，并及时点评、鼓励，帮助学生提升团队意识。

3. 利用空间，布局美观，渗透美的教育

货架都放满了，如何把这些新进的货也放上货架呢？教师引发学生思考：如何利用纵深空间，调整摆放，进一步地节省货架的空间。教师适时提供各种辅助摆放的工具，有圆筒，有小方盒，有挂钩……学生可以观察自己所负责的区域，展开讨论：使用什么工具？如何使用？如何进行调整？学生合作制订摆放方案，并按照计划进行调整。

在这个环节中，学生既要考虑如何充分使用工具，探索新的创意工具，又要思考如何在节省货架空间的同时，将货物摆放得美观、整齐。学生在一次次地讨论、摆放、调整中，提升了审美感。这就是在无形中，对学生进行了美的教育。

4. 指导学生交流与表达，培养学生语文综合素养

每次完成调整后，学生都会以小组为单位进行成果展示。在交流的过程中，教师引导学生说清"我们观察到了什么，又考虑到什么，因此对货架上的货物进行了怎么样的调整"，"我们用了什么工具，怎么调整的"。教师在此过程中，关注学生的表达能力，并及时对于学生的摆放进行点评，引导他们用规范的语句，清晰地表达自己思考的过程与调整的结果。

5. 融入德育主题——我们会管理

课堂的最后，教师在小结时鼓励学生在学会整理货架的基础上，将小超市课程中习得的知识，延伸到自己的生活中去，整理好自己的小天地，让自己的学习环境变得更有条理。这堂课让学生在问题驱动下，在批判性思维、创造性思维中，提升了自我的管理能力。

六、评价内容和方法

（一）课程评价表

便利小超市每堂课都有设计一张课程评价表（见下表），评价内容是多维度的，基本涵盖"关键技能""规则意识""创造能力"等不同的内容。课程结束后，教师在孩子自评的基础上，再根据评价内容及标准，对每个孩子做出综合评价，以积分的形式对他们进行适当奖励，以此激发学生参与课程的兴趣与积极性。

"摆放的奥秘"课程活动评价表

评价维度	能力指标	评价内容	评价等第 自评	评价等第 综评
关键技能	方案设计	在整个小超市的课程中，能完成制订货物摆放方案，且方案设计中有自己的思考与创意	☆☆☆	☆☆☆
关键技能	沟通交流	在整个小超市课程中，完整地将自己的意图和想法与他人交流。交流时礼貌、大方	☆☆☆	☆☆☆

续 表

评价维度	能力指标	评价内容	评价等第 自评	评价等第 综评
关键技能	信息收集	在盘点货物和问卷调查的过程中,能够完成收集数据的任务;能通过各种途径收集关于商品摆放结构的有效信息。在收集信息的同时,有自己的思考与想法	☆☆☆	☆☆☆
关键技能	成果展示	能够向他人展示自己的成果,并能清楚地表达自己过程性的思考	☆☆☆	☆☆☆
关键技能	计划先行	在制订方案后,能严格按照计划,按部就班地实施	☆☆☆	☆☆☆
规则意识	团队合作	在课程中,能和组员有明确分工,并出色地完成自己负责的任务	☆☆☆	☆☆☆
规则意识	科学严谨	在收集、统计数据和信息的过程中,能够实事求是,保持严谨的态度	☆☆☆	☆☆☆

(二)智能即时评价系统

学校设计了一套"蓬莱小镇"课堂学习即时评价指标。四项指标分别为:积极思考,踊跃表达;遵守规则,静心倾听;有好奇心,喜欢探究;善于合作,乐于分享。

即时评价刷卡积分的方式对学生有重要的激励意义。几乎所有学生表示非常喜欢这样的评价方式,争取获得更多积分成了孩子们每天的小目标。

(蓬莱路第二小学　高赐文)

第三节　"蓬莱小镇"拓展型课程的评价优化

"蓬莱小镇"拓展型课程渗透了"做中学"的思想,关注学习过程的理念体现了课程的独特价值。基于此,学校对课程的评价方式进行了系统规划和整体预设，创建了关注学生学习过程的智能即时评价系统。

一、评价内容的拓展与丰富

"蓬莱小镇"拓展型课程具有很强的综合性、社会性和实践性，因此课程评价也需要侧重从培养学生能力的角度出发，使评价更有利于小学生综合素养的提高。这就需要打破传统的评价观，构建相应的评价指标与内容。"蓬莱小镇"拓展型课程的评价内容是多维度的，关注了学生课程学习情感、课程学习能力、课程学习态度等多个视角，48个课程的评价方案各不相同，但是从内容来看，基于学校"守规则、懂礼仪、展个性、乐创新"的育人目标，涵盖了"语言表达""人际交往""想象能力""规则意识""创新能力"等方面（见下表）。

"蓬莱小镇"拓展型课程评价体系

社区	二级具体指标				
	表达	交往	想象	规则	创新
第一社区	能较连贯地说清楚1—2句话，回答声音响亮	喜欢和同伴一起完成任务	喜欢自由展开想象	能理解规则内容	在活动中了解创造带来的变化
第二社区	语言表述基本完整连贯，回答声音响亮	喜欢和同伴合作完成任务	能描述和分享自己的想象	能理解规则的内容并有一定的规则意识	喜欢提出问题
第三社区	基本可以表述事情的起因、经过、结果，回答声音自信响亮	形成人际交往意识，产生小组合作意愿	能有意识、有目的地想象	有规则意识并能自觉遵守规则	喜欢思考和发现问题，善于提出问题
第四社区	完整表述事情的起因、经过、结果，回答声音自信响亮	主动参与小组合作活动，发挥主观能动性	能根据观察和分析，想象新的形象	有规则意识并能合作制定规则	善于提出问题并积极思考解决的办法

续 表

社区	二级具体指标				
	表达	交往	想象	规则	创新
第五社区	在完整表述事情起因、经过、结果的基础上，加入自己的主观感受	主动与人交流沟通，积极参与小组合作，发挥主观能动性	能根据观察、分析和推理，初步具备空间想象的能力	能合作制定规则，并能遵守共同制定的规则	善于提出问题，并能尝试寻找创造性的办法解决问题

二、评价方式的改进与创新

（一）需要解决的问题

"蓬莱小镇"拓展型课程的评价主体是多元的，方法是多样的：它既涵盖了学生自我评价、教师对学生的评价，也包含了学校和学生对教师和课程的评价。然而评价的方式还是相对传统，比如教师根据"蓬莱小镇"48个小课程制订了不同的评价方案，设计了不同的评价表，但是课堂学习结束前师生仍以涂五角星、发小奖券等方式来进行自我评价或互相评价。这样的评价方式存在两个弊端：一是评价没有发生在教学过程中，学生学习过程中所需要培育的核心素养没有过程性的评价；二是"五角星""小奖券"等评价方式没有具体到所评价的内容，因此评价的价值难以体现。

（二）解决问题的路径

基于问题，我们研究制定了学生评价的具体指标，指标设计的出发点为学校的办学理念和育人目标，旨在培育学生核心素养，培养全面发展及具有良好创新意识与创新能力；落脚点在突出学生守规则的落实与促进学生个性发展两个方面。评价指标在实践运用中不断调整和改进，积累经验以提高评价指标的合理性、科学性和实用性。在此基础上，根据不同年段的学生应该达到的要求以及不同学科的特点,设计相应的一级、二级评价指标。同时还相应地建立了教师可以使用的具体实施的表格等各类工具,既有长期行为目标,也有阶段的、具体任务的指标。教师可以实现在实践中观察、记录、评价。

在评价指标基本稳定的基础上,我们创建了学生即时评价系统(App),实现了评价工具创新带来的评价方式的改变。该 App 及后台管理系统架构设置为三个层次:基础管理层、评价指标层、统计分析层。教师依托手持式终端智能手机以基础管理层、评价指标层、统计分析层三大层次完成应用。每个学生都有一张的电子积分卡(即"蓬莱小镇"银行卡),卡上印有学生的姓名。课程学习中,每个老师通过手持式评价终端点击相关指标并靠近学生的积分卡,积分就计入了学生的信息。经过两个月的试运行,于 2016 年 9 月在全校推行实施运行至今已有六年多的时间。目前,学生的电子积分卡版本从 1.0 版已经上升到 3.0 版。

(三)问题解决的成效

1. 开发了智能即时评价工具。研究形成了关注学生学习过程的评价指标,开发了相关的智能即时评价系统。借助该评价系统,教师可以在教学过程中随时给予学生评价,学生可以通过查询机随时查询。这套信息化评价工具操作方便,又能实现评价的及时性、客观性、可追溯性,让评价更具效率。

2. 体现了诊断和鼓励的价值。智能即时评价系统涵盖评价指标,每一个积分都能清晰查询到所评价的内容,指标又指向学校育人目标,因此学生可以通过积分查询进行自我评价。教师通过积分给予鼓励,也在悄然引导教师"鼓励为主"的育人模式,同时教师可以通过数据了解学生情况,并实现全面关注全体学生,及时诊断和调整自己的教学内容与教学方式。

3. 联通了小社会的情境。学生的"银行卡"里积累着评价活动中的所得积分,在"蓬莱小镇"的情境中,作为"小镇民"的学生可以在多个场景自由使用积分。例如:在小镇超市里购物,在小镇书店里购书,在小镇银行里理财、在小镇活动中购买活动券,等等。积分可以当"货币"使用,使得评价无痕融入小社会的真实情境,使得向着学校的育人目标努力成为每个"小镇民"心中的愿望。

第三章
迁移:"小镇"元素的德育渗透

"蓬莱小镇"拓展型课程丰富了学生的体验和经历,同时也悄然改变了学校原有的教育样态。在实践过程中,"蓬莱小镇"拓展型课程不断跨界延伸,"小镇"元素逐渐迁移并影响学校工作的各个领域。首先改变的就是德育,德育是"五育"之首,立德树人是学校的中心工作。我们充分利用"蓬莱小镇"课程资源,迁移并构建德育课程框架体系,积极探索创新德育的工作路径,让思想教育无痕渗透,努力在小社会情境中引导学生适应和遵守社会规则,培养未来社会人应具备的德行。2020年学校少先队大队荣获全国优秀少先队集体称号;案例《"蓬莱小镇"遇见未来——综合实践活动落细落实价值观教育》获全国德育工作典型经验。

第一节 "蓬莱小镇"情境中
落细落实价值观教育

育人的根本任务在"立德"。近几年来,学校以"在这里,我们发现未来"的办学理念为引领,通过创设社会化的教育环境开发校本课程、设计主题活动,不断深入研究面向未来社会人培养的社会主义核心价值观教育。其中,基于"蓬莱小镇"情境的综合实践活动成效显著。

如何有效地培养未来的社会人?如何让社会主义核心价值观教育与学生的生活实际相结合?如何让《中小学生守则》化为学生行为自觉?我

们认为创设一个真实的社会场景,让孩子们"做中学"更有助于将教育要求内化为学生成长需求。2013年起,学校把象征微型社会的"小镇"概念带进校园,模仿各种社会化场景,为学生提供体验式的学习,开始打造以"蓬莱小镇"命名的校本拓展型课程。与此同时,学校的价值观教育充分运用"蓬莱小镇"情境,开发并实践了基于"蓬莱小镇"情境的价值观教育项目。

一、在角色转换中将价值观内化于心

每周五下午,学校就变身为一座欢乐的小镇,年级变成社区的概念,48个教室成为邮局、医院、银行、超市、警察局……师生的角色也从学生变成"大小镇民",每个小镇公民都拥有小镇护照、银行卡、货币等,在模拟的微型社会中进行职业体验、人际交往和团队合作。学生通过网上自主选课,每学期可以在自己年级所在社区或自由社区选修2门课程,一年可以选修4门课程,以跑班的形式参与课程。学生在小社会的情境中可以获得尽可能多的直接的社会经验,作为社会主体在小社会中实现自我约束和自我改变。

学生选择不同的课程,就会在沉浸式的不同场景中体验自己所扮演的角色,体会多样化的社会要求,从而明确责任担当,树立儿童道德观念,形成良好的行为习惯。"蓬莱小镇"正是为社会主义核心价值观教育创设了这样真实的小社会情境,孩子们的社会化交往活动随时都在发生。例如,学生在"正义小法庭"课程模拟小法庭,审理和讨论案件的过程中明辨是非,理解并践行"公正"和"法治";"镇环保中心"的学生走进社会开展垃圾分类调查的过程中明确社会责任,"敬业"地翻遍社区的垃圾桶,寻找解决环境问题的办法,感受到保护环境的重要性及服务社会是每个公民的职责;"便利小超市"课程的学生研究服务于不同人群的商品货物摆放,打理经营小镇超市的过程中学习"诚信"待人;邮递员送信时和收信人的交流对话……真实的问题解决中,队员们分辨是非,规范言行,使社会主义核心价值观教育真正落细落实。

从小社会中体会整个国家的民主和文明，感受人与人之间平等和友善，从而激发爱党爱国的情感和个人远大的理想追求。不同职业的小公民，在不同的职业体验中渗透来自各个层面的社会主义核心价值观教育。孩子们从学习体验到情境中自我践行，逐步内化成个人的价值取向。

二、在自主管理中将价值观固化于制

学生在"蓬莱小镇"情境的实践体验中，逐步将社会主义核心价值观内化于心。然而从明理到践行并固化为自己的价值观，成为自己的行为自觉，还需要规则的制定、约束和保障。基于这样的思考，学校在"蓬莱小镇"小社会情境中打造了工作管理委员会的概念，这个由学生负责管理和运作的小镇组织设有四个职能部门：百灵鸟部、智多星部、小企鹅部和小喇叭部。委员会设有1名镇长、4名部长、20名委员，全部由学生来担任，每年通过公开透明的民主选举产生，至今已有200多名学生在这个平台获得锻炼和成长。这样一个模拟的小社会情境为学生搭建了服务他人、锻炼自我的平台，更为学生的自主管理提供了广阔的实践空间，独立思考的能力、独当一面的执行能力、创造性策划的能力、团队协作的能力及反思调整的能力等都能在委员会为民服务的理念下得以实现。

通过"蓬莱小镇"工作委员会集体讨论、全体小镇民参与和投票，"蓬莱小镇"于2014年3月出台了《小镇民守则》，并于2021年10月学校第33次少代会上做了修订。这是在全体学生自主管理中诞生的，在特定的小社会情境中每个镇民都需要自觉遵守的行为准则。例如"不翻动其他小镇民的东西""不在小镇货币上乱涂乱画""走廊里遇见其他小镇民文明招呼和礼让"等都是从模拟小社会到真实大社会每个公民应有的价值认识和必须遵守的行为准则。《小镇民守则》将这些认识和准则形成公约，固化于制，成为整个小社会具有法律效应的准绳，对帮助学生树立正确的价值观，并自觉约束自身的社会行为有着重要的意义。

三、在多元评价中将价值观外化于形

社会主义核心价值观教育是否落细落实,如何通过评价鼓励和促进学生的行为表现?学校建立了相应的表现性评价体系,涵盖活动中学生自我评价,学生互相评价,教师(含家长志愿者观察员)对学生的评价,家长对学生的评价等。活动中评价内容也是多元的,根据学校育人目标分为规则意识、礼仪礼貌、合作能力、创新意识等。

2016年,学校开发了全新的智能化即时评价系统,每个学生都有一张"蓬莱小镇"小社会的"银行卡",由教师使用手持式评价终端对学生在课堂内外的表现进行即时评价。老师每刷一次卡,学生就获得了相应指标的一个积分。学生可以在校内任意一台积分查询机上查询自己的积分情况,还可以通过积分的分布图对自我的表现进行评价。所获得的积分又可用于蓬莱小镇货币兑换、活动门票兑换、超市购物等活动,因此即时评价刷卡积分的方式对学生有重要的激励意义,争取获得更多积分成了孩子们每天的小目标。

"小社会"活动中的表现往往能反映学生真实的价值取向,例如,活动中听到国歌是否能够放下手里的活动立正敬礼(或行注目礼),是否能遵守活动的规则,与同伴发生矛盾如何处理,等等。因此学校经常创设"小镇嘉年华""校内春秋游""体育公园"等活动情境,引导学生在玩耍的过程中学习和成长。例如,一年一度的"小镇嘉年华"活动中,学校邀请家长志愿者担任"观察员",以学校卡通形象"蓬蓬""莱莱"贴纸的方式对学生在活动中的表现进行"点赞"评价。如:活动中安静行走不奔跑,帮助其他同学解决困难,捡到物品主动交给走廊里的观察员,等等,都会获得"蓬蓬""莱莱"贴纸。在多元化的评价中,正确的价值观不仅需要内化于心,而且外化于形,有效地促进了良好行为习惯的养成。

四、在社会实践中将价值观实化于行

从人的发展来讲,人的成长是人的德行的成长。习总书记曾说,德既是个人的德,也是社会的"大德"。学校通过打破"小镇"到真实社会的距离,带领学生把小社会里习得的本领放在大社会的情境中去检验,遵循"走出去、请进来"的方式,让学生与真实的社会亲密接触中获得德行的成长。目前,学校邀请了近20家单位成为"蓬莱小镇"小镇民实习基地。"走出去"即带领学生走出学校,在小镇民实习基地体验和参与更真实更广泛的社会实践活动。例如,组织选修"小算盘银行"课程的学生前往附近工商银行实习体验,组织选修"红星警察局"课程的学生到学校附近老西门派出所参加警营开放日活动,组织选修"正义小法庭"课程的学生到第二中级人民法院参观旁听,等等。"请进来"即邀请各领域专业人士来校,组织或参与校园内的小社会课程活动。如成立劳模工作室,陶依嘉、吴尔愉等劳模与学生零距离互动,邀请家长志愿者等专业人士来到小镇课程担任客串讲师,分享职业故事;小镇开放日活动中参访老师充当小镇来客的角色,真正走进"蓬莱小镇"和孩子们发生着人际交往。

核心价值观教育不是简单的说教,而是应该发生在具体的场景中,当真实的问题发生,当真实的矛盾冲突,通过引导学生在问题解决和矛盾化解中思考、分析、判断,让社会主义核心价值观教育在实践中内化。这一次次的对外学习和交流的过程都是学生知行合一的实践过程,在"大""小"社会的自然融合中,学生的价值认识有了实践的平台,从而真正做到内化于心、外化于形、实化于行,从而逐步形成综合素养和社会规则意识。

第二节 "蓬莱小镇"情境中的行为规范教育

以"在这里,我们发现未来"的办学理念为引领,通过"蓬莱小镇"的情境创设,打造社会化的教育环境、开发校本课程、设计主题活动聚焦真实问题的解决,不断开展面向未来社会人培养的德育路径探索。

"蓬莱小镇"通过社会化的情境营造,为学生搭建社会化的行为规范实践和内化的平台。在"蓬莱小镇"这个模拟的微型社会中,各种行为规范互相配合,有机地组成一个社会规范体系,调整着"小镇民们"(学生)各个方面的社会行为,维护着一定的社会秩序。学生在微型社会中进行职业角色的体验,通过对个体行为的不断规范以适应社会行为的规矩,遵循社会活动的准则。在实践中,逐步地、无痕地将行为规范内化成个人意识,初步形成未来社会人的行为规范。

结合学校培养"守规则、懂礼仪、展个性、乐创新"的小小未来社会人的育人目标,基于"蓬莱小镇"的行为规范教育目标定位为通过小社会情境的营造,小小社会人角色的体验,使学生了解和发现自己,认识和探究社会,培养能自觉遵守各种规定准则,自觉养成文明礼仪习惯的未来社会人。

一、细化目标,完善顶层设计

学校厘清"蓬莱小镇"培养未来社会人的四大关键要素,即守规则、懂礼仪、展个性、乐创新。深入四个关键要素的研究,根据我校学生的特点,细化培养目标(见下表)。

"蓬莱小镇"未来社会人培养目标

一级指标	二级指标	指标描述
守规则	(1) 知晓规则 (2) 认同规则 (3) 遵守规则 (4) 规则内化	初步形成小社会公民规则意识和民主法治观念,热爱祖国、尊敬师长、友爱同学、热爱劳动,遵守《中小学生行为规范守则》和《小镇民守则》,养成良好的学习生活和行为习惯
懂礼仪	(1) 知晓礼仪 (2) 文化认同 (3) 礼仪习得 (4) 礼仪内化	引导学生构建和谐的人际关系,传承中华民族传统美德,继承中华民族的人文传统。理解重要仪式、日常学习生活的道德规范和文明礼貌。引导学生增强礼仪、礼节、礼貌意识,不断提高自身道德修养
展个性	(1) 自我认识 (2) 自我规划 (3) 展现自我 (4) 自我认同	关注学生个性心理品质的发展,引导学生认识自我、发展挑战自我和展现自我的能力。在环境互动和适应社会过程中,形成自信向上、乐观向上、自尊自律的好品质

续 表

一级指标	二级指标	指标描述
乐创新	(1) 创新意识 (2) 创新能力 (3) 创造精神 (4) 创新行动	关注创新能力的发展,培养学生发现问题、提出问题和解决问题的能力;注重培养创造性人格,培养乐于助人、尊重他人、善于合作、勇于创新等良好品质。通过创意物化、信息技术的应用与学习,提升学生创新思维多元化

基于"蓬莱小镇"课程,围绕"守规则、懂礼仪;展个性、乐创新"的未来社会人培养目标,将"蓬莱小镇"课程从每周五下午延伸拓展,从集中实施延伸至全周分散实施。构建"蓬莱小镇"周一至周五的进阶课程,搭建课程整体框架,探寻课程内容与培养目标之间的关联。

二、螺旋递进,形成序列化行规主题

在顶层设计的基础上,进行课程实施,并在实施过程中不断加以完善,提炼实施策略,建构课程与培养目标之间的关系,设计与实施行规主题课程。每学期确定一个行为规范教育主题,五年为一轮,确保每一届学生在校期间都经历完整的一轮行规主题课程的学习。每学年第二学期的主题均为"我们会管理",以螺旋递进的方式引导学生学习管理衣着、物品、时间、情绪、言行。根据行规教育主题,通过行规活动、师生共同编制"行规小绘本",促进学生行为规范的提升,培养"守规则、懂礼仪"的未来社会人(见下表)。

各学期行为规范教育主题菜单

学 期	主 题	行规小绘本
2017 学年第一学期	我们能坚持	《放学了》
2017 学年第二学期	我们会管理	《我们会管理 1》
2018 学年第一学期	我们轻轻地	《让我们轻轻地……》

续表

学　　期	主　　题	行规小绘本
2018 学年第二学期	我们会管理	《我们会管理2》
2019 学年第一学期	我们会排队	《我们会谦让》
2019 学年第二学期	我们会管理	《我们会管理3》
2020 学年第一学期	我们讲卫生	《学生防疫手册》
2020 学年第二学期	我们会管理	《垃圾的旅行》
2021 学年第一学期	我们微微笑	《我们微微笑》
2021 学年第二学期	我们会管理	《我们会管理4》

三、创设情境，丰富行规教育内容

"蓬莱小镇"就是一个行规养成的情境。每周五下午，学校就变身为一座欢乐的小镇，5个年级变身为6个社区，48个教室变身为邮局、医院、银行、超市、警察局……师生也变身为大小"镇民"，每个镇民拥有小镇护照、货币和存折，在模拟的微型社会中进行职业体验、人际交往和团队合作。

学生在"小镇"情境中获得尽可能多的直接的社会经验，作为社会主体在小社会中实现自我约束和自我改变。学生选择不同的课程，就会体验不同的公共场所里自己扮演不同的角色，体会到不同"职业"所带来的多样化的行为规范要求，可以全面培养儿童道德观念，形成良好的行为习惯。例如，"五星西餐馆"的学生学习用餐礼仪和服务规范，"星星邮电局"的小邮递员送信送报中学习礼貌规范用语，"红星警察局"的小警察在维护小镇秩序的过程中体会遵守交通规则的重要性。学生"从事"着不同职业，会感受到不同职业中行为规范之间的差异，然而这些行为规范又是和谐统一相互促进的。在这个过程中，孩子们从学习规则到自我践行，逐渐

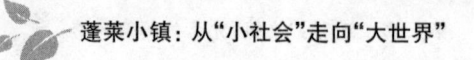

内化成个人意识,这一切都在小社会情境中悄然发生。

四、自我管理,促进规则的内化

小社会的运作离不开制度的构建。制度由谁来构建,怎么构建?如果由老师来完成,自然比较快捷,但是如果学生参与,就更有利于形成从规则制定到规则遵守的自我管理运作系统,有利于学生规则意识的建立和内化。基于这样的思考,"蓬莱小镇"成立了自我管理的工作委员会,"小镇民"自己设计投票产生吉祥物"蓬蓬"和"莱莱","正义小法庭"课程的师生共同研究出台了一系列"小镇法则"……这些举措都旨在引导学生构建自我管理的平台并实行自我管理。

2014年,经小镇民讨论、小镇工作委员会研究、小镇长颁布的《小镇民守则》在学生的自主管理中应运而生。2021年在学校第33次少代会上通过修订。这里的每一条规定都指向规则意识的培育。《小镇民守则》将小镇的行为规范固化于制,学生在遵守公约的过程中,能够感受到行为规范的必要性和重要性,每一个小镇民都必须遵守这一份小镇公约,并自觉地用来约束自身的社会行为。

【案例】

《小镇民行为守则》

1. 镇民间问候或对话时请看着对方的眼睛,公众场合不喧哗。
2. 常用"请"和"谢谢"等表示善意的词,不给别人添麻烦。
3. 镇民间发生矛盾先找自己的原因,冷静谦让不争吵。
4. 做错事情主动承认和道歉,诚实守信不说谎。
5. 管理好个人物品,捡到东西设法归还,他人物品不触碰。
6. 根据小镇交通指示标志轻轻靠右行走,互相礼让不推搡。
7. 爱护公共设施和绿化,用完器材整理好,轻拿轻放不破坏。

8. 衣着整齐讲卫生，看见垃圾主动捡，垃圾分类不忘记。

9. 遇到小镇来客热情大方有礼貌，主动介绍不胆小。

10. 遵守小镇各类集会礼仪，做文明观众，眼耳专注不说话。

"蓬莱小镇"工作委员会
2021 年 10 月

五、注重过程，构建多元评价体系

学校通过对学生行为规范的表现性评价促进行为习惯的养成。基于"蓬莱小镇"情境的行规教育的评价形式是多样的，有学生自我评价、互相评价，教师对学生的评价，也有家长观察员对学生的评价。评价内容也是多元的，有指向合作能力的评价，指向创新意识的评价，指向情感态度的评价，也有指向行为规范的评价。

2016 年，学校开发了全新的智能化即时评价系统，评价的维度依据学校育人目标建立，直接指向课内外行为规范的表现性评价。通过即时评价、刷卡积分的方式，教师将鼓励的积分给予学生，学生可以在校内每一台"银行 ATM"机器上查询自己的积分情况，也可以使用积分在小镇银行进行"蓬莱小镇"货币兑换，或者参与在小镇超市"购"物、小镇书店"购"书等活动。即时评价刷卡积分的方式对学生有重要的激励意义，争取获得更多积分成了孩子们每天的小目标，学生行规的状态明显提升，有效地促进了行为习惯的养成。

第三节 "蓬莱小镇"情境中的少先队活动

如何开展少先队员喜爱的队活动一直是学校专注研究的课题。2013 年启动的"蓬莱小镇"课程中，我们看到队员发自内心地投入和喜欢，也引发了我们的思考。"蓬莱小镇"课程创设了一个小社会的情境，目标是培养能持续自主发展且适应未来社会发展的人。那么能否将"蓬莱小镇"的元素融入少先队活动的过程中,促使队员在自己真正喜欢的队活动中落实社会主义核心价值观的培育,从而落实育人目标的实现呢?我们创新设计了一系列融入"小镇"元素的少先队活动,从内容、形式和过程中做了深入的探索和实践。

一、"蓬莱小镇"工作管理委员会

依托"蓬莱小镇"小社会情境,在少先队组织架构基础上,学校构建了"蓬莱小镇"工作管理委员会。这里有让更多队员参与自我管理的社会化系列小岗位,也为队员参与志愿服务工作创设了情境,搭建了成长平台。"蓬莱小镇"工作管理委员会由 21 名队员组成,共设有 4 个职能部门,分别是智多星部、百灵鸟部、小企鹅部和小喇叭部。"蓬莱小镇"管理委员会设立小镇长 1 名,每个部门部长 1 名,委员 4 名。每年少代会期间换届选举,每个队员都可以通过自荐的方式参与竞选,全部岗位均由队员民主选举产生。

在"蓬莱小镇"工作管理委员会成立的基础上,还延伸设置了一系列其他社会化小岗位,比如公共汽车教室小车长、小镇气象台小台长、体育公园志愿者等,队员们在小岗位履职过程中不断增强社会责任意识和团队合作意识,发挥个性特长,提升综合能力。"蓬莱小镇"管理委员会成立以来,已经先后有 200 余名学生通过竞选加入其中。他们和少先队大队部一起共同自主策划组织一系列少先队活动,如"带着国旗过国庆""午间巴士乐园""徒步春游""蓬莱小镇单行道设置"等,少先队组织活跃度明显提升,一群群少先队员在锻炼中收获成长。

二、"蓬莱小镇"少先队阵地

我们在"蓬莱小镇"的情境中搭建起了一系列少先队阵地,独有的小社会情境使这些阵地成为少先队自我教育的课堂,自我锻炼的舞台。"蓬莱小镇"媒体中心就是其中的一个,媒体中心涵盖电视台和报社两个部门,队员可以自主报名选择参与采访、主持、化妆、编辑(含文编和美编)、拍摄、剪辑、灯光、校对等不同的岗位,每周一集的电视台节目和每月一期的手抄队报都给予了队员们充分自主参与的空间。类似这样队员可以自由选择参与的少先队阵地还有很多,比如,我们打造了"小镇体育公园""公共汽车教室""小镇气象站""小镇超市"等阵地,因而诞生了检票员、小车长、小站长、收银员、导购员、志愿者等小岗位。每一个阵地都有队员参与拟定的制度和规则,使阵地的运作有章可循、规范有序。

真实的社会情境,真实的锻炼岗位,使这些小阵地呈现了多元的效应和独特的功能,不但吸引和凝聚队员的积极参与,还有辐射、引领和影响更多队员的重要意义。

三、"蓬莱小镇"少先队节日

少先队活动丰富有趣且不断创新,能激发队员对队集体的归属感和自豪感。这一点,在"蓬莱小镇"课程背景下的少先队节日活动实践中得到验证。依托小社会课程,少先队组织一系列符合儿童年龄特征,学生喜闻乐见又有仪式感的活动,创新的节日队活动不但激发学生的兴趣,而且还点燃了学生创新的热情。

例如,2017年举行的"蓬莱小镇疯狂汽车日"活动,要求每个队员活动当日在身上穿戴或佩戴一个有"汽车"标志的小物件。这个活动顿时引起全体队员的兴趣,"别出心裁"成了大家讨论的重要话题,活动本身启发孩子们从不同的角度思考问题,探索和发现激发学生的无限创意。汽车形状的纽扣串成的项链、手绘汽车图案的帽子、汽车机器人的服装、汽车元素的队鼓……孩子们在喜欢的队活动中发现和创造。

又如,2020年起受新冠肺炎疫情影响,学校不能组织学生走出学校参与春秋游活动。少先队大队部便带领队干部和"蓬莱小镇"工作委员会启动策划组织校内的春秋游:在操场上搭帐篷野餐、在"小镇巴士"上卡拉 OK、在"小镇植物园"里观察植物撰写研究报告、在"小镇巴士站"举行"街头艺人"表演,还有"小镇集市""小镇游乐场""勇敢者道路"等活动大开脑洞、创意无限,队员们在玩转"蓬莱小镇"中感受因地制宜、创新创造的无穷魅力。

在"蓬莱小镇"情境中有创意的少先队节日活动层出不穷,例如 TWO DAY(2 的主题日)活动、一年一度的教师节"秘密行动"、"蓬莱小镇"书展活动、"蓬莱小镇"购物日活动……少先队员们在丰富多彩又创意十足的少先队节日活动中从"小社会"走向"大世界"。

【队活动案例】

"蓬莱小镇"微生活之敬业篇

班队活动课是德育的主要阵地之一,它是班主任围绕特定的主题对学生进行思想品质教育的一种重要形式,也是学生进行自我教育的一种手段,更是促进学生情感交流、身心发展、品行构建、团队凝聚的重要途径和载体,对学生创造性思维和独立工作能力的培养都是不可或缺的。班队活动是班主任开展班级工作的有力阵地,实在是不容忽视。班队会课内容要针对本班的实际情况、存在问题、学生的年龄和心理特点等选取内容,要从小事、身边事入手选材,让班队会课成为孩子们想说、能论、反思、明理、获取信息、敢于表现的大平台。

"小镇微生活之敬业篇"融合了学生学习、生活中的多种元素,是一堂生动、有效的班队活动课。

一、活动过程

(一)从父母长辈的工作中理解"什么是敬业"

1. 什么是敬业呢?观看"敬业爱岗"为主题的视频。

2. 在我们刚才看到的视频中,人们在自己的工作岗位上默默奉献,勤勤恳恳地耕耘。其实,在我们的身边有很多这样的人,比如我们的爸爸妈妈。谁来夸夸自己的爸爸妈妈?

3. 部分学生结合PPT"夸夸我的爸爸、妈妈"。

(二)在蓬莱小镇课程中理解"什么是敬业"

1. 我们的爸爸妈妈真是了不起,他们在平凡的岗位上兢兢业业,忠于职守,真让人佩服。敬业是不是只是大人的事呢?

2. 学生交流。

3. 引导学生体会我们在"蓬莱小镇"中,体验了不同的职业,在自己的岗位上,我们认真、负责,努力做好自己的工作。让我们看看"蓬莱小镇"星光电视台的新闻直播吧!

4. 小镇星光电视台《新闻直播间》

(1)情境小品表演《这是我们警察的职责》;

(2)中队快闪表演《我是"蓬莱小镇"的小镇民》;

(3)合唱《"蓬莱小镇"镇歌》。

(三)在学校生活中理解"什么是敬业"

1. 引导学生讨论:是不是只有拥有一份职业才需要敬业的精神呢?以小组为单位展开讨论。

2. "小镇留言板"敬业大讨论:学生写下自己对敬业的理解,交流并且贴在留言板上。

(四)小结

1. 在我们学校旁边有一所以"敬业"这个词为名字的中学。前不久,我们中队的部分队员有幸采访了敬业中学金校长,下面让我们听听金校长的话。

2. 教师引导学生一起小结对"敬业"的理解。

二、活动反思

(一)活动和教育相融合

主题活动课应该注重"活动"和"教育"相结合。活动内容是通过一定的方式来表现的,活动方式的安排上首先要安排那些富有情趣的内容,有

蓬莱小镇：从"小社会"走向"大世界"

情趣才有吸引力，有吸引力才更容易实现教育目标，然后在富有吸引力的基础上设计出富有教育性的活动。班会设计的趣味横生，就是极大的吸引力，它会使学生自觉地参加班队活动，那么怎样才能具有趣味性呢？在"小镇微生活之敬业篇"中，我不仅关注到了每一个学生，做到了人人参与，更注重"教育"才是活动课的根本。整堂课我以三个问题贯穿其中。首先以"什么才是敬业"导入，通过学生观看敬业公益短片和夸夸自己的爸爸妈妈，懂得敬业就是大人们在自己的工作岗位上默默奉献，勤恳工作。紧接着的是第二个问题："敬业是不是只是大人的事？"学生通过小品、采访和唱歌的形式，感受到蓬莱小镇的小镇民们热爱自己的岗位，并且尽心尽责，努力做到最好。最后，我以"是不是只有拥有一份职业才需要敬业精神？"作为第三个问题，让学生通过小组讨论、全班交流、动笔写一写的形式，更进一步感悟"敬业"的意思。在交流中，我及时对学生的发言进行总结和概括，对发生在学生学习、生活中的敬业小故事进行褒奖和发扬。活动课最后，通过师生合作进行课堂小结，进而升华了对"敬业"的感悟：热爱并做好自己的本职工作就是"敬业"的真谛。本堂活动课中，充分体现了教育和活动的有机结合。

（二）活动和课程相融合

班队会活动可以和课程相互融合，以实现班队会课的目的，取得良好的教育效果。教师要全面考虑，才更加有利于活动的设计，才更容易发挥活动的综合教育作用。又如"小镇微生活之敬业篇"中，"敬业"这个词语对学生来说比较难理解，要渗透如何做到"敬业"就更加困难了。如何让学生理解"敬业"的意思，并落实到具体的行动中成了我思考的问题。我校的拓展课程——"蓬莱小镇"就是让学生体验不同的职业，感受不同职业的魅力。把蓬莱小镇和主题教育活动融合是一个不错的主意。于是，我把小镇活动融入了"敬业是不是只是大人的事？"这个问题展开。通过让学生演一演小镇中警察带路、小园艺师保护郁金香、阿拉丁剧场小演员带病演出和星星邮电局小邮递员准时送信的小故事，体会小镇民的爱岗敬业。再通过学生观看星光电视台的采访，了解到美味中餐厅的"小厨王"为了制作出美味的食物，锲而不舍，反复试验；便利小超市的工作人员先做了市场调研，再去进货，满足了小顾客的需求；参加小镇长竞选的选手为了让五星西餐厅更贴近小镇民的生活，发挥自己特长，主动设计了点餐系统，感受到小镇民们兢兢业业、乐于奉献的敬业精神。最后全班学生通过快闪的形式夸夸身边的小镇民，大家高唱小镇镇歌，把活动推向了高潮。我巧妙地融入"蓬莱小镇"这一元素，让学生在演绎的同时感悟到了敬业不只是大人的事，作为小镇一分子，也可以做到爱岗敬业。

整堂队活动课不仅融入了拓展课内容，还做到了和第一课堂相结合。学生运用了在语文课上学到的表达方式，流畅地阐述了自己对"敬业"的理解；运用书本中积累的名言佳句，写下了对"敬业"的感悟。从学生的表达和文字中不难看出他们扎实的语文功底。

（三）活动和生活实际相结合

队会是通过一系列活动的开展来实现教育效果的，在选择活动内容时要贴近学生、贴近生活、贴近时代。贴近学生就是选择与学生密切相关的内容，贴近生活就是从现实生活入手选择内容，贴近时代就是选择贴近时代的内容。班会只有以学生为主体，贴近学生的生活和学习的实际情况，才能在学生心中引起共鸣，才有可能达到预期的效果。"小镇微生活之敬业篇"结合了学生的生活实际。"夸夸自己的爸爸妈妈"就是让学生更多地了解自己的爸爸妈妈，体会他们工作的辛苦和勤恳。从了解孩子身边亲人的工作表现开始，激发他们渴望理解"敬业"的意思，这无疑是个很可行的方法。

在写对"敬业"的理解时，学生能发现身边对待工作认真负责的同学，并表示出要向他们学习的决心。如："小朱同学是我班的一名值勤员。值勤员是要很早到校的。小朱的家住在宝山，来去很不方便，但她依旧早早地到校参加值勤工作。这难道不是敬业的精神吗？我也应该向她学习。"在学生的心中，身边的亲人、学习的伙伴就是自己最好的榜样。教育就是要从身边的点滴开始,让学生体会到这些人和事与自己近在咫尺,也能对"敬业"这个词有更真切的理解。

队活动课中的多元融合可以让队活动真正落到实处,发挥应有的效应。当队活动课能引起学生的共鸣,能指引学生的心灵,使学生从中确立自己努力的方向时,队活动将会是一堂最精彩纷呈的课。

(蓬莱路第二小学 须健)

第四节 "蓬莱小镇"情境中劳动教育的行动研究

劳动教育在落实立德树人根本任务方面具有独特的育人价值。学校从教育对象出发,以劳动教育为载体,依托真实校园生活、模拟真实社会情境和家校社协同共创真实社会情境,全面推动劳动教育生活化、综合化、活动化。经过十余年的研究与实践,打造出了有学校特色、具有推广意义的基于情境的小学生劳动教育新生态。

党的十八大以来,习近平总书记多次强调要树立"劳动最光荣、劳动最崇高、劳动最伟大、劳动最美丽"的观念,把劳动教育纳入人才培养的全过程,贯通大中小学各学段和家庭、学校、社会各方面。2020年,中共中央、国务院、教育部陆续下达了《关于全面加强新时代大中小学劳动教育的意见》和《大中小学劳动教育指导纲要(试行)》,对新时代的劳动教育做出顶层设计和全面部署。在长期的劳动教育实践中,我们发现仍存在着以下问题:劳动教育在学校、家庭、社会中的作用和地位被弱化,缺乏系统规划,成为素质培育的一块"短板";劳动教育的实施存在口头化、书面化、知识化倾向,缺乏有效的实施路径与策略;劳动教育局限于强化学生一部分技能训练。通过对学生的问卷调查和访谈我们发现,学生对在真实情境中进行实践体验的劳动教育方式最感兴趣。那么,小学劳动教育需要怎样的情境,又如何在情境中实施推进小学劳动教育呢?为深化小学劳动教育方式体系,拓宽劳动教育的形式和内容从而形成别具特色的劳动教育新生态,最终通过劳动教育培养未来社会需要的五育新人,学校开展了基于情境的小学生劳动教育实践探索。

一、指向小学生劳动素养的进阶式情境创设

实践中我们发现,学生可以在学校创设的劳动情境中直接感受氛围,主动联系生活,培养劳动习惯,以此实现劳动教育的目的。劳动情境的创设既为学生的劳动提供认知停靠点,又激发了学生的劳动动力。这是情境的两大功能,也是促进学生有意义地从事劳动活动的两个先决条件。劳动教育的情境创设解决了学生在劳动过程中的形象与抽象、实际与理论、感性与理性以及旧知与新知的关系和矛盾。

基于上述理解,学校将劳动教育情境划分为三类,三类情境依次进阶(见左图)。第一类情境是指地理界限上的学校校园,它既是学习也是教育的发生地;第二类情境是指学校专为学生创设的虚拟"小社会"情境,学生在这里模拟社会劳动的角色,遵守社会劳动的规范,掌握社会劳动的技能;第三类情境是指家校社共育体系中的校外互动空间与平台,与真实"大社会"的概念相对。学校力图通过不同情境丰富多彩的社会劳动实践活动,让学生身体力行,知行统一,在劳动中寻找自身价值。在学校劳动教育实践过程中,无论是启蒙学生劳动意识的真实校园生活,培养学生劳动能力的模拟"小社会"情境,还是提升学生劳动素养的家校社真实"大社会"情境,都是通过情境创设与社会场景和各行各业建立密切联系,帮助学生在转换角色

学校进阶式劳动教育情境

进行岗位、职业体验的过程中,理解劳动的意义与价值。

二、基于情境的小学生劳动教育整体架构

(一)基于情境的小学劳动教育目标设计

通过十年多的不懈探索与实践,学校厘清了小学劳动教育的目标,即既要掌握熟练的基本劳动技能(日常生活劳动、生产劳动和服务性劳动),树立良好的劳动观念,爱劳动、勤劳动、善合作、甘奉献,也要学会利用新工具、探索新方法、在劳动中勇于创新、乐于创新。在参考《关于全面加强新时代大中小学劳动教育的意见》总体目标的基础上,根据小学生身心发展特点和需求,结合本校学生实际,学校分低年级和中高年级两个学段设计了劳动教育培养目标。(见下表)

小学学段劳动教育培养目标

学段	总目标	具体要求
低年级	具备个人生活起居为主的劳动能力,有良好的劳动意识和卫生习惯,爱惜劳动成果,学会协同劳作,享受劳动乐趣	(1)树立自己的事情自己做的意识,提高生活自理能力,如整理个人物品(衣服书包等),可以进行简单的家庭清扫,等等
		(2)配合家长完成力所能及的家务劳动,如折叠衣物、整理家居、择菜洗菜、清洁餐具
		(3)学会使用简单的劳动工具,如抹布、扫帚、拖把、黑板擦、削皮器等
		(4)具备集体荣誉感,如参与适当的班级集体劳动,主动维护教室环境卫生
		(5)在师长协助下,完成简单的校园劳动,如收送报纸、每日执勤、校园巡逻等
		(6)关爱生命,热爱自然,如进行简单的手工制作,照顾身边的动植物

续　表

学段	总目标	具　体　要　求
中高年级	具备校园劳动和家庭劳动为主的劳动能力，尊重普通劳动者，树立服务精神和担当意识，养成热爱劳动、热爱生活的态度，做到自主自觉劳动	(1) 参与家居清洁、收纳整理,增强生活自理能力和节约意识,培养家庭责任感
		(2) 学会使用简单的厨房工具,如：锅、铲、刀、勺,能制作1～2道简单的茶饮或家常菜(西点)
		(3) 熟练掌握劳动工具,每年学会1～2项生活技能,如缝补衣物、基础维修、拆装简单家具等
		(4) 参与校园卫生保洁、绿化美化,适当参加社区或公共卫生等力所能及的公益劳动
		(5) 具备良好的环保观念,在家庭、校园和公共场所主动做好垃圾分类处理,参与公益环保活动,增强公共服务意识
		(6) 初步体验种植、养殖、手工制作等简单的手工劳动,学会与他人合作劳动,懂得生活用品、食品来之不易,珍惜劳动成果

(二) 基于情境的小学劳动教育内容设计

从2010年开始,基于劳动教育实践中存在的问题,学校对基于情境的小学劳动教育不断进行实践探索。通过行动研究,学校创设了从"校园小岗位"到模拟真实情境的"小社会"再到家校社协同创设的"大社会"的劳动教育内容,在进阶式不断变化的情境中丰富和优化劳动实施方式,培养小学生具有适应未来社会发展需要的劳动素养。

1. **立足真实校园情境的劳动教育活动化**

我们认为,学校是学生社会化进程的起点,也是学生开始接触社会的第一个环境,因此要以校园为中心搭建教育情境。针对学生劳动意识淡

53

薄,家庭劳动教育不足等问题,2010年起学校从真实的校园生活环境出发,开辟符合小学生年龄特点形式多样的劳动自我服务小岗位。如校园护绿队、小抹布行动队、红领巾清扫队、敬老服务队、班级十大员制、午间十分钟劳动等,通过实践活动培养学生的日常生活劳动能力,让学生具备基本的生存和自理能力,帮助培养劳动价值意识,体会普通劳动者的艰辛。

2. 基于仿真社会情境的劳动教育生活化

有限的校园环境和日益增长的学生实践需求对劳动教育提出了更高的要求,学校开始着力开发设计模拟社会生活的"小社会"情境下的劳动教育实践,力求将显性和隐性的劳动教育蕴藏其中。学校在明确新时代劳动教育的内涵和劳动教育目标的基础上,深入梳理、充分挖掘各种资源,设计符合学生特点和发展需要的劳动活动和环节,进一步提高劳动教育的有效性。例如:在小菜场里指导学生认识各种蔬菜并学习择菜;在中餐厅里引导学生使用劳动工具学习淘米做菜;在小花圃里带领学生认识各色植物种菜种花;在维修站里启发学生研究拆装和维修;等等。

3. 关注真实情境的家校社共育劳动教育综合化

随着现代社会的发展和科学技术的革新,劳动教育也必须不断增强它的时代性和社会化内涵。在模拟社会情境中经过打磨锤炼的劳动能力需要在真实的社会情境中接受检验。因此要打破学校与社会的壁垒,继续拓宽劳动途径,构建劳动教育新生态,通过学校、家庭、社会三位一体,协同创设"大社会"真实情境。学校自2017年起陆续成立了近20家小镇民常驻实习基地(见下表),不仅缩短了模拟"小社会"到真实"大社会"的距离,丰富了劳动实践的形式和内容,还拓宽了劳动学习体验的空间和格局。通过实地参观、动手实践、聆听讲座、主题探究、寻访劳模等实践活动有效培养学生创新精神和劳动能力,踏出了家校社协同育人的第一步。

劳动教育校外劳动基地

劳动类型	劳动内容	劳动基地
体验式劳动	学习检查视力，配合医生做好保护视力宣传	上海和平眼科医院
	制作牙齿模具，配合医生检查工具、整理档案	上海曙康口腔门诊部
	学习查看监控，办理身份证	黄浦公安分局老西门派出所
	学习分拣信件与包裹	黄浦邮政思南路支行
任务式劳动	学习缝补衣物，为同学量尺寸	Dave成衣定制
	学会合理布置货架，整理超市购物篮、手推车	华联吉买盛大兴街店
	学会包馄饨和饺子，跟着厨师学烧一道简单的菜	上海大富贵酒楼有限公司
	学会使用灭火器，检查消防装置，进行消防演练	黄浦公安消防支队复兴中队
	学做自然博物馆的引导员和小解说	上海自然博物馆
探究式劳动	探索不同模式小社区的设计方法	上海城市建设设计研究总院
	搭建房子，用简单材料砌模型墙	中建八局总承包公司
	编辑一条新闻，录制一次节目，做一次主播	上海电视台第一财经频道
	学会搭建纸电路	上海科技馆
	学会并尝试分辨假钞、在银行办理基本业务	中国工商银行中华路支行
	亲手调配一杯茶饮，为同学和家人泡一杯茶	上海文庙管理处
	动手设计玩具，为同学制作一份生日礼物	童年智造文化传播有限公司

55

（三）基于情境的小学劳动教育实施方式

学校将劳动教育按劳动类型配合低中高年段特点分为体验式劳动、任务式劳动和探索式劳动三大类型，贯穿情境式劳动教育三阶段，每个阶段各有侧重，每种类型的劳动又按劳动区域分为"个人生活""学校生活""社区生活"三大方面。以下仅以模拟社区生活情境为例阐述介绍劳动教育的具体实施方式及成果。

1. 体验式劳动

在低年级为主的体验式劳动区内，为学生设立了各种模拟场景，鼓励学生在体验劳动的过程中树立劳动观念。针对低年级学生的年龄特点，从身边常见、常接触的劳动任务着手，在教师的引导下进行体验，培养学生良好的劳动习惯，引导学生热爱劳动、以劳动为荣。

体验式劳动

所处学段：小学低年级
发生场所：牙防所、鲜菜场、邮电局、警察局、小书店、中餐馆等

个人生活	学校生活	社区生活
正确刷牙 择菜剥豆 中餐烹饪 ……	收拾课桌 整理书籍 打扫教室 ……	爱心义卖 安全宣传 收送报纸 ……

体验式劳动的内容

低年级学生可以在邮局里体验为同学、老师送信送报；在小书店体验将书籍整理得整齐有序；在菜场里体验择菜剥豆；在中餐馆里体验简单烹饪……比如，二年级"美味中餐馆"的劳动主题是"淘米烧饭"。围绕这个主题，小厨师们在教师的带领下完成了一系列综合活动，如体验淘米的过程，研究电饭锅的使用，最后，小厨师们品尝了自己做的香喷喷的米饭。通过这一系列综合活动，低年级的孩子们发现大米的特点，体验着和小伙

伴之间的互助合作，更是感受到参与劳动的快乐。

2. 任务式劳动

中年级学生已经掌握了一定的劳动学习经验，因此能在体验的基础上以"获取任务—体验实践—总结反思"为流程，融知识、技能、情感为一体，通过任务式劳动提高学生的劳动素养，让学生在完成任务的过程中习得劳动技能，体会劳动价值。

任务式劳动
所处学段：小学中年级
发生场所：西餐馆、服装店、小超市、气象台、维修站、小苗圃等

个人生活
缝补衣物
西点烘焙
基础维修
……

学校生活
整理货架
天气预报
学具拆装
……

社区生活
养花种草
模拟问诊
消防检查
……

任务式劳动的内容

中年级的学生可以在超市里通过调研清点商品、整理货架；小苗圃能配合四季和校园环境栽种花草、浇水松土；消防局里检查消防，学习灭火……比如，三年级要完成一项"小超市的市场调研"的任务，任务包括：盘点—调研—进货—上架。校园购物日后，三年级小超市"店员们"分工合作，他们中一部分忙碌着盘点，另一部分讨论制定调查问卷，并分头在全校进行了调查。根据问卷数据的统计，把需求按照文具用品、生活用品和其他用品进行分类，并制作图表，小超市就可以根据这张统计图进货啦。最后，小店员们根据需求量和存货量进货和上架，让小超市以最好的面貌迎接下一次购物日。

3. 探究式劳动

探究式劳动在任务的基础上，还强调学生主动学习及问题解决能力

的培养。除了培养学生劳动习惯、了解不同工种外,还要尝试解决工作中遇到的问题,理解劳动的艰辛和快乐。因此,高年级的劳动实践从初级体验更多地走向独立和团队探究合作。

```
                        探究式劳动
              所处学段:小学高年级
        发生场所:服装店、小银行、奶茶铺、旅行社、实验室、电视台等

    ┌─────────────┐      ┌─────────────┐      ┌─────────────┐
    │  个人生活   │  ▶   │  学校生活   │  ▶   │  社区生活   │
    │             │      │             │      │             │
    │  剪裁缝纫   │      │  帐篷搭建   │      │  垃圾分类   │
    │  花布印染   │      │  货币兑换   │      │  电路维护   │
    │  美妆制作   │      │  拍摄剪辑   │      │  简单木工   │
    │   ……        │      │   ……        │      │   ……        │
    └─────────────┘      └─────────────┘      └─────────────┘

                      探究式劳动的内容
```

比如,四年级的劳动主题为"运作学校电视台"。为了增强学生的真实体验,比照真实的电视节目采编和播发过程,学校电视台形成了稳定的运行模式:节目板块按照"报名—探究—撰写—排练—拍摄—反思—改进"这一流程,全由校内学生自主报名参与开发、拍摄和制作。为了呈现更好的效果,办"同学喜欢的节目",电视台运用合作的方式,参与者们在探究中不断提升,节目每年都有创新和突破。学生在快乐中更加自然地掌握了编辑和主持的门道,在拍摄剪辑等劳动中发挥自己的天性,激发了创造力,也提升了语感和表现力。

(四)基于情境的小学劳动教育实施保障

劳动教育的建设是一项系统工程,不仅涉及教育目标、教育内容、课程评价等要素的横向融通,还要有组织保障、制度保障、资源保障等方面的配套支持。从顶层设计到具体实施,最终实现相辅相成、相得益彰的增值。

1. 组织保障

学校采用校长负责，协同教导处、德育处等建立劳动教育领导小组统筹管理，负责统筹规划、顶层设计、整合资源、监督实施、调整总结；制订具体实施方案、组织落实活动、管理实践过程、观察劳动成效、收集反馈评价。

2. 制度保障

学校完善劳动评价标准，优化校园即时评价体系；健全劳动教育校园安全保障和考核激励机制；建立协同实施机制，通过家长会、家长学校、网络媒体等手段明确家长责任，形成教育合力。

3. 资源保障

学校将劳动教育纳入教师培训内容，开展全员培训；建立劳动课程策划小组，设计开发劳动有关课程，特聘行业专家提供技术支持；整合家庭、社会等校外平台资源，拓展实践场所，开辟校外劳动基地。

三、基于情境的小学劳动教育实践成效

十余年来，我校基于情境的劳动教育引领和带动学生、教师及学校的发展，取得了显著成效。

1. 激发学生劳动兴趣，培养综合素养

在"小社会"的情境里，学生热情劳动的身影随时随处可见：小小消防员定期检查校园里的消防设施，中餐馆厨师们淘米包汤圆……孩子们用满腔的劳动热情创造了美好的小镇生活。"大社会"中真实问题的情境的创设，使得劳动教育在润物细无声的过程中有效实施，学生的综合素养得以提升。比如，学生自己筹资义卖助滇的"爱心杂货店"志愿者团队获得2020年度"黄浦好人"荣誉称号。

2. 劳动教育助力教师实现专业成长

学校构建劳动教育课程，同样也为教师搭建了发展的平台。在劳动教育课程实施变革的过程中，学校教师从学生角度出发积极探索劳动教

育进课堂,尝试将劳动教育与学科作业相整合,提升了教师作业设计的能力。随着研究的深入,教师逐渐从实践上升到理性的课程实践思考,"在劳动教育中培养高年级小学生创新能力的实践研究"等课题被立项为市区级科研项目,多篇劳动教育相关论文在刊物上发表并获奖。

3. 劳动教育助推学校内涵加快发展

劳动教育助力教师专业成长的同时也彰显了学校办学特色,推动着学校的综合发展。"小社会"到"大社会"进阶式情境中进行劳动教育的理念不仅得到了上级教育部门的高度认可,还吸引了外省市教育同行前来观摩学习,共接待各级领导和代表团67批次。不仅如此,学校打造的"小社会"情境中劳动教育受到了《解放日报》《文汇报》《上海教育》等多方媒体的关注。2021年5月学校被市教委授予首批上海市中小学劳动教育特色校。

"小社会"到"大社会"进阶式情境中的劳动教育是人与环境合二为一,共同合力的结果。我们在开发情境上做了许多的努力,但受学校资源和场地限制,有待更为广阔的地域开发,共建共享稳定的劳动教育师资、劳动实践基地,打造更立体、更真实的"小社会",让学生的劳动天性在这里得到释放,真正实现沉浸式的劳动体验,让劳动成为自发,让劳动成为自觉。

第四章
融合：撬动基础型课程教学的变革

随着课程的深入推进，"蓬莱小镇"不再局限于每周五下午，而是逐渐成了学校的代名词。当"蓬莱小镇"元素在德育工作中无痕渗透的同时，我们也在思考，它能否撬动学校基础型课程的教学变革。经过两轮上海市课程领导力项目的实践研究，老师们尝试采用"蓬莱小镇"课程关注体验、探究和发现的课堂教学实施方式，促进学生学习习惯和方式的变革，实现基础型课程课堂教学方式的转型。

我们欣喜地看到，"蓬莱小镇"拓展型课程中的"小镇"元素开始融入课程与教学，并逐渐成为学校教师的教学自觉。学校教育样态的改变，实际上正是学校从以拓展型课程为起点，开始学校整体变革的初心回归。正如我们所期望的，通过经验的累积和价值的认同，以点带面，将拓展型课程改革的星星之火变成学校整体变革的燎原之势，从而推动学校的特色发展和内涵发展，最终为实现"在这里，我们发现未来"的办学理念和"守规则、懂礼仪、展个性、乐创新"的育人目标形成合力。

第一节　融入"小镇"元素的课堂教学设计

"蓬莱小镇"拓展型课程的教学实践策略逐渐得到了教师们的认同，也潜移默化地改变了教师原有的教学观念。通过研究我们发现，"蓬莱小镇"拓展型课程深受学生的喜欢有两个重要的原因：一是课程内容源于生活情境；二是学习多采用实践、体验和探究的方式。为此，学校从 2015 年起开启"蓬莱小镇"元素迁移至基础型课程教学的研究和实践。"蓬莱小镇"元素走进基础型课程的课堂，让小镇课程的理念改变教师的教和学生的学，从而掀起了一场课堂教学方式的变革。

第一阶段："蓬莱小镇"元素直接融入基础型课程课堂教学的实践研究

(一)"蓬莱小镇"元素"植入"基础型课程课堂教学

什么是"蓬莱小镇"元素，从广义上来说，所有和"蓬莱小镇"相关的内容，都可以被称为"蓬莱小镇"元素；从狭义上看"蓬莱小镇"元素指的是"蓬莱小镇"拓展型课程实施方式的核心要素。

课题研究最初，我们尝试的是比较显性的迁移，即把与"蓬莱小镇"相关的内容直接运用于基础型课程的教学设计中，可以理解为"植入式"地直接融入，使"蓬莱小镇"拓展型课程与基础型课程建立直接的关联。比如：语文、英语学科设计"蓬莱小镇"生活为背景的语言表达训练；数学学科设计以"蓬莱小镇"相关的例题和练习题；音乐美术学科设计以"蓬莱小镇"为主题的艺术创作；体育学科设计以"蓬莱小镇"为主题的游戏活动；等等。这一尝试使"蓬莱小镇"突破时间的局限，从每周半天的拓展型课程融入另外四天半的基础型课程，深受学生的喜欢。

【案例1】低年级语文课《蜘蛛开店》，课题中的"店"是一个生字。在学习这个生字时，老师请小朋友交流他们在日常生活中看到的店，再来聊聊我们"蓬莱小镇"里的店，如"魔法小书店""布艺玩具店"等。学生在回忆和交流中建立起认知中的"店"与"店"这个字的关联，对"店"字的理解也就更加立体了。

【案例2】英语课 Jobs 一课中，老师组织学生讨论话题"你在'蓬莱小镇'里从事什么工作"。

【案例3】数学课学习统计知识,老师引导学生研究"如果把15元小镇货币存到银行里,怎样才能获得最大的收益";《正方形长方形面积》一课中,以1元小镇货币作为了学具,让学生算一算小镇货币的面积。

(二)"蓬莱小镇"课程资源在基础型课程教学中的运用

"蓬莱小镇"拓展型课程构建了丰富的课程资源。这些资源是有形的,包括为小社会课程创设的校内空间,如公共汽车教室、便利小超市、魔法小书店出版社、WPT电视台、"蓬莱小镇"体育公园等;包括校外"蓬莱小镇"实习基地,如社区的邮局、银行、超市、警察局等;也包括为小镇课程打造的物质素材,如"蓬莱小镇"地图、吉祥物蓬蓬和莱莱、小镇民银行卡、护照、货币等。有些资源是无形的,如经过全校师生共同构建的"蓬莱小镇"小社会情境和生态、教师学生作为"蓬莱小镇"镇民的角色认同等。教师可以根据基础型课程的教学需要,充分利用有形或无形的"蓬莱小镇"资源,从而建立两类课程之间的关联,使"蓬莱小镇"元素在基础型课程中自然融入。

【案例】

公共汽车教室

"公共汽车教室"是我校上海市创新实验室项目,是"蓬莱小镇"第二社区"镇公交公司"课程的活动场地。各学科教师利用公共汽车教室的资源服务于基础型课堂教学。

二年级的语文课《微波炉的话》,围绕"微波炉说了哪些话,它又是怎么说的"引导学生通过朗读、积累、绘制思考图和说话练习等课堂学习任务学习课文的表达方式。第二堂课,老师带学生来到公共汽车教室,看一看,摸一摸,聊一聊,全班小朋友进一步了解我们的公共汽车教室,接着老师引导学生模仿《微波炉的话》从"我的样子""我的本领""我的朋友"和

"注意事项"等不同方面说一说"公共汽车的话",语言表达练习从模仿开始,又将孩子们带入他们熟悉又喜欢的学习情境,激发学生表达的欲望,孩子们的说话练习变成好玩的游戏。

三年级数学课《分米的认识》被搬到公共汽车教室里,老师让孩子们通过使用皮尺亲自测量公共汽车教室座椅、车窗和车门的高度和宽度来解决分米的概念问题。

五年级英语课 Dream,通过 Dream Bus 之旅,学生在真实任务的驱动下,在合作完成任务的过程中,体验和收获了在巴士情境中学习的快乐。

第二阶段:"蓬莱小镇"元素间接融入基础型课程课堂教学的实践研究

相对于"直接"融入,"蓬莱小镇"元素的间接融入指的是"蓬莱小镇"课程实施方式对基础型课程的影响。这种影响可能从表面看不是因为实体的"蓬莱小镇"而发生,但它却直接撬动基础型课程教学方式的变革。

第一步:提炼"蓬莱小镇"课程实施方式的核心要素

通过文献研究,进一步了解杜威"做中学"思想和实践经验;通过问卷调查,了解学生对已有课程的满意度和需求,能够促使学生热爱小镇课程,积极主动学习的原因。我们发现,"蓬莱小镇"拓展型课程深受学生的喜欢有两个重要原因:一是课程内容源于生活情境,二是学习多采用任务驱动下的实践、体验和探究的方式。在此基础上,提炼和总结"蓬莱小镇"拓展型课程实施方式核心要素:一是在情境中学习,二是学习由任务引领,三是学习在体验和探究中发生。因此,"蓬莱小镇"元素的核心可以概括为三个方面,即情境创设、任务驱动和探究体验。

第四章　融合：撬动基础型课程教学的变革

第二步：形成"蓬莱小镇"元素融入基础型课程课堂教学的路径与策略

（一）根据教学目标创设学生学习的情境

"蓬莱小镇"课程深受学生喜爱，其中有一个重要的原因是它把学生带入一个小社会的情境，真实的学习往往发生在真实的情境中，真实的情境往往可以调动学生运用多种知识和能力，实现问题的解决和任务的完成。因此，我们首先尝试在基础型课程中根据教学目标创设学习的情境，通过把学生带入情境中学习提高课堂教学有效性。

【案例1】音乐《摇船调》教学，教师根据设定的目标：参与歌曲能力实践，体会民歌的艺术表现形式，在课前就将座位形式排成三艘小船的形状，中间好像隔着一条河流，不但为学生划船、小组讨论提供了方便，还为学生进行"对歌"活动创设情境，让学生感觉身临其境。课堂上，学生划船，老师站在岸上和学生进行呼喊对话，再通过老师深情的演唱及跟学生的情感互动，让学生感觉身临其境，以最佳的状态，主动地参与到教学中来。本课情境贯穿教学始终，学生情感体验得到升华。通过同课异构的课堂教学效果实验比较，我们发现创设情境的课堂中学生学习的主动性和积极性明显高于传统课堂。在实验中，我们也发现情境创设一定要有目标意识，必须基于目标创设情境，否则创设的情境就变成一种形式，反而影响课堂教学的有效性。

【案例2】五年级数学《列方程解决盈亏问题》对学生比较抽象。教师根据目标创设了少先队员游嘉兴南湖夏令营活动的学习情境，通过"分配房间""购买门票""步行路程"和"南湖游船"等一系列情境中任务的设计，变抽象为形象，有层次地帮助学生突破难点，一步步实现预计的目标。相比平行班传统的教法，基于目标的情境创设对课堂教学有效性的意义是显著的。

（二）在情境中设计学生学习的任务

如果说情境创设把学生带入真实问题发生的现场，那么任务创设就

65

是解决真实问题的路径。"蓬莱小镇"课程中,教师是比较擅长设计任务的。比如"超人魔术团"课程中有一课的目标是解密"消失的牛奶"这个魔术并学会表演,教师通过设计"自由猜想""道具探究""魔术表演"和"现场解说"四个任务帮助学生实现学习目标。迁移到基础型课程也是一样,教师要根据目标在情境中设计一项项任务,每一项任务的完成都会离课堂教学目标的实现又近一些。在任务驱动下引导学生自主学习、合作探究。

【案例1】数学《正方体展开图》一课,在活动情境中,老师设计两个任务:第一,剪开正方体纸盒;第二,小组合作多次翻折正方体磁力片。通过这样两个任务,让学生经历正方体从立体到平面,再从平面到立体的过程,建立双向关联。

【案例2】体育课"障碍跑"一课中,老师设计了士兵突击的情境,让学生利用有限的材料,完成"新兵训练营""小小特种兵"等多项任务来分解难点解决问题。

【案例3】语文课《父爱之舟》教学中,老师在三个真实情境中设计了两个任务:第一,划找场景中体现父爱的句子并批注交流;第二,展开想象将场景说清楚。以"找、读、说、悟、写"的步骤,指导学生学会场景描写的方法。

(三)引导学生通过体验和探究完成任务

创设了学习情境,设计了学习任务,还需要落实引导学生通过体验和探究完成任务。这是"蓬莱小镇"课程最显著的特征:"超级电影院"课程的学生自己写剧本拍微电影;"便利小超市"课程的学生自己整理货架、盘点商品,设计促销活动;"星星邮电局"课程的学生自己探究路线送信送报……小镇课程里这样的例子不胜枚举,而传统课堂教学往往忽视的正是这个环节。学生没有主动参与,学习就很难真实发生。如何在课堂教学中引导学生通过实践、体验和探究来完成学习任务,是基础型课程教学的关键。

【案例1】四年级语文《千年梦圆在今朝》一课,老师在设定了三个维度的目标后,通过学习任务:说说中华民族是如何逐步实现飞天梦的。学生自主地用思维导图去梳理信息,再小组合作借助思维导图介绍,最后不同思维导图的效果比较辩论反思发现问题。

【案例2】二年级道法《我们有新玩法》一课,学生根据任务先创意设计一根跳绳的不同玩法,再通过和同伴一起玩一玩发现问题,最后教师引导学生制定游戏规则从而解决问题。学生在充分的实践和体验中逐步达成学习的目标。

第三步:专题研讨深入推进"蓬莱小镇"元素在各学科教学中的实践

(一)各学科教研组确定子课题,开展"循环改进"行动研究

各学科以教研组为单位,围绕基于课标的教学,融入"蓬莱小镇"元素,行动研究优化单元整体教学设计,通过"循环改进"提升教研组集体备课教研、教学、反思的质量,着眼于实际需要解决的问题,开展组内有主题的实践研究。

2020学年各教研组研究课题汇总表

教研组名称	课 题 名 称
一年级语文	创设情境提升低年级自主识字能力的实践与研究
三年级语文	融入"蓬莱小镇"元素,培养学生自主阅读中"预测"能力的实践研究
四年级语文	"小任务单"在小学高年级语文课堂教学中的尝试运用
五年级语文	小学高年级语文阅读教学问题链的设计与运用研究
一年级数学	小学低年级数学课堂中探究式教学有效性的实践与研究
二年级数学	探究型课堂对低年级学生数学表达能力的作用
三年级数学	几何单元教学中学生操作探究相结合的教学模式的实践研究

续 表

教研组名称	课 题 名 称
四年级数学	小学高年级数学课堂中探究式教学设计的实践与研究
五年级数学	在课堂教学中运用体验探究提升学生数学思维的实践研究
英语	关注英语核心素养,融入蓬莱小镇元素,优化单元单课设计
美术	在"蓬莱小镇"情境中探究美术学科资源的开发与实践
道法	结合道德与法治学科中与学校(班级)相关的教学内容创设小镇情景化岗位劳动服务的实践探究
自然(劳技)	在自然与劳技学科中,学习任务驱动活动设计的实践研究
体育	小镇情境教学在体育教学中的运用
音乐	在小学音乐学科综合活动中融入"蓬莱小镇"元素的实践与研究
信息	在融入"蓬莱小镇"元素的项目学习中培养小学生计算思维的案例研究

各学科教研组以研究的形式进行循环的推进,从设计教案、教学实践、课后反思、优化教案到课堂再实践、再反思、再优化,形成一定的教学范式和教学策略。

1. 语文学科融入小镇元素的教学方式:将在情境化创设和学习任务的设计上开展实践研究。如:让学生走入课文中的情境,理解表达并运用文本语言;根据教材特点,设计任务单,学生进行自主发现和主动探究,以任务驱动,提高学习有效性。

2. 数学学科融入小镇元素的教学方式:将合理应用各类资源和要素,使教学内容生活化和教学过程情境化,让学生在做中学的过程中学会"用"数学。

3. 英语学科融入小镇元素的教学方式:充实单元整体的情境资源,创设英语学科教学情境;丰富单元整体的语言材料,设计英语学科学习任务;整合并落实单元语用功能,规划英语学科典型活动;增加单元探究和学习体验,优化英语学科教学方式。

(二) 举行"关注小镇元素 提高学科素养"教师教学节活动

为推进"蓬莱小镇"元素融入学校基础型课程教学的实践,促进全体教师对该课程领导力项目的理解和内化,学校每年围绕一个主题组织一次全校范围的教学节。教学节一般持续一个月,分初赛和决赛两个阶段,全体教师参与。以2019学年主题为"关注小镇元素,提升学科素养"的学校教学节活动为例,教师分学科组现场备课,要求在教学设计中体现"蓬莱小镇"元素融入基础型课程的思考。在初赛的基础上采用模拟课堂的方式进行复赛。如语文学科教学内容为四年级第一学期的《海上日出》,有的教师突出重点词句的学习,让学生通过简笔画的方式表达对文本的理解,从而突破教学难点;有的教师带领学生用绘制思维导图的方法提取信息,找出关系,连贯表达;有的教师则设计"制作动画"的视角为路径设计学生的学习过程,呈现了结构化的教学模块,凸显单元语文要素;等等。虽然老师们的教学设计各有创意,但是设计中所体现和表达的理念都比较一致,即根据教学目标创设学习情境,在情境中设计学生的任务,以问题解决为引领,巧妙点拨,灵活组织,并通过即时评价带领学生通过体验和发现,大胆发表见解,学法多样,体现了教师课堂教学理念的改变和课堂教学方式的变革。

(三) 举行主题课堂教学研讨活动

2020学年,学校举行了上海市提升中小学(幼儿园)课程领导力行动研究(第三轮)项目——"融入'蓬莱小镇'元素的基础型课程教学方式变革实践研究"课堂教学研讨活动。本次活动以"在情境中学习 在体验中发现"为主题,聚焦"真实情境创设""学习任务驱动"和"实践体验探究"等"蓬莱小镇"元素,分英语、数学和语文三个专场,共六节课进行。通过活动引导全校教师对"蓬莱小镇"元素如何在基础型课程中融入有了更进一步的思考。有教师这样归纳自己的理解:在备课前要先自问三个问题,一是这节课的目标是什么;二是准备创设怎样的情境;三是设计哪些任务来实现目标。在研讨实践中,教师形成了这样的思考:"蓬莱小镇"元素在基础型课堂教学中的直接融入和间接融入这两种方式并不是相对立的,而是可以根据教学需要综合运用的。

(四)开设"蓬二好课堂",推出优秀课例

项目组以"蓬二好课堂"为载体,通过各学科骨干教师每周一次的课堂教学展示及学科项目负责人每周的课堂展示,带领学校教师把"小镇"元素迁移并应用于基础型课程的课堂教学中,推出优秀课例。通过优秀教师群体的示范引领,推进"蓬莱小镇"元素融入基础型课程的全学科研究,改进课堂教学方式,提升学校课程领导力。

(五)"每周一评"全校案例分析,形成校本研修主题

对"蓬莱小镇"元素融入基础型课程的优秀课例,进行"每周一评"全校案例分析。项目组邀请执教老师针对自己的课堂教学从目标、步骤、案例及效果等方面和全校教师进行交流和分享,形成校本研修主题。

经过一段时间的实践研究,融入"蓬莱小镇"元素的基础型课堂教学方式为大部分老师所接受,课堂教学方式发生了以"教"为中心向以"学"为中心的转变,关注过程与方法的教学方式,关注体验、探究和发现的课堂教学实施方式,发挥学生主体的、多样化的学习方式;创设情境,设计好玩的小任务,关注活动任务关联性、有序性和递进性,让学生在真实的情境中进行沉浸式的学习、感知、发现和探究,体验合作学习的快乐,促进学生学习习惯和方式的变革。

【教师记事本】

"蓬莱小镇"元素融入小学数学学科课堂教学

《新课标》明确将双基拓展为四个方面:基础知识、基本技能、基本思想、基本活动经验,体现了对于数学课程价值的全面认识,学生通过数学

学习不仅要获得必需的知识和技能，还要在学习过程中积累经验、获得数学发展和处理问题的思想。而在蓬莱小镇的课程里，学生就是在不断的活动体验之中，其中所强调学生的主体体验，体现了以学生为本的基本理念。学生在此课程中久而久之形成的获取知识、经验的主动学习方式，同样在数学课程中的角色定位也得到了突破性的改变。主要策略有以下几点：

1. 创设生活化的情境引入，激发学生主动学习

建构主义理论认为：知识是情境化的，是它被应用于其中的活动背景和文化的产物，学习就是学习者利用原有认知结构中的相关经验去同化和顺应新知识从而建构新知识的意义建构过程。可见创设生活化的问题情境有利于激发学生学习的内部动力，使学生更易抓住探究的目标，给学生的思维以更明确的方向和动力，也给予他们创新发展空间。而教师在整个教学过程中不再如以往的角色定位，不再是单一的知识传授者，更应是学生学习的引导和探索合作的观察员，从而激发学生课堂主人翁意识，能更主动地去学习。

在教学中也可以让学生走进社会，如果许多体验活动都能架构在学生真正的社会体验上，这样学生才有更强的主动参与意识和能力。同时这也要求教学过程在空间和时间上有限定，先变"小课堂"为"大课堂"，通过学生身临其境的现场体验，再变"大课堂"为"小课堂"。

例如在教学《统计初步复习与应用》一课时，打破原有教材的局限，以每个小镇民都参与的"小镇购物日"便利小超市购物和小算盘银行存、取款，这两个学生喜闻乐见的素材贯穿整节课。

第一板块在小超市的统计问题中（见下页图、表），对于小镇民最喜欢购买的文具统计，学生随机进行每个年级1个班调研，亲身经历了收集数据——整理数据的过程，并从中自主发现5个社区的小镇民由于年龄有差异，所以在购买文具的选择上也存在不同的需求。课上学生灵活应用统计知识为小超市针对不同年龄的"客户群"，在备货和进货提供了相应的对策。

71

"小镇购物日"（　　）班小镇民最喜欢的文具情况统计

	笔　袋	玩偶铅笔	便签本	卡通橡皮
人　数				

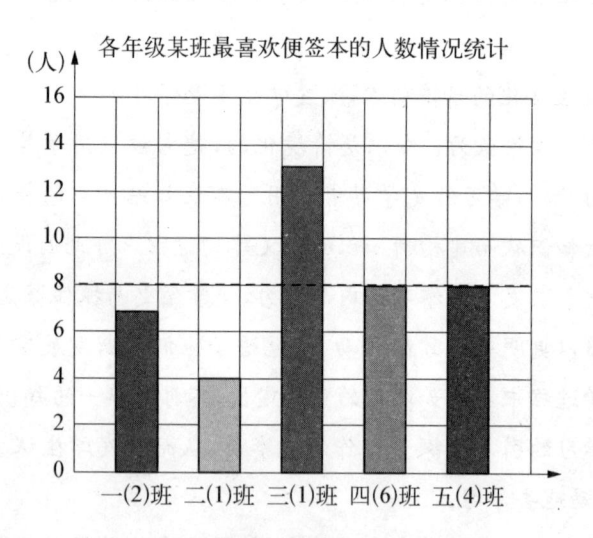

各年级某班最喜欢便签本的情况统计

第二板块在小银行的统计问题中（见下图），学生在亲身体验和参与的小算盘银行存、取款经历中发现了不同的理财方式便可有不同的收益。同时通过制作成折线统计图，感受到小算盘银行目前存款规则：如果有小镇民选择长期只存不取，将给小算盘银行运营带来一些不合理的问题，同时也将引发"通货膨胀"的危机。课堂上学生提出多种应对策略，譬如制定分期的利率标准，小算盘银行降息，等等。

学生通过小镇体验活动后使统计有了贴合自己生活的应用，能更好地激发出学生把所学知识运用于实际生活的高阶思维。使得学生能做有兴趣的数据统计，做有意义的数据分析，真正体会到了统计的魅力。

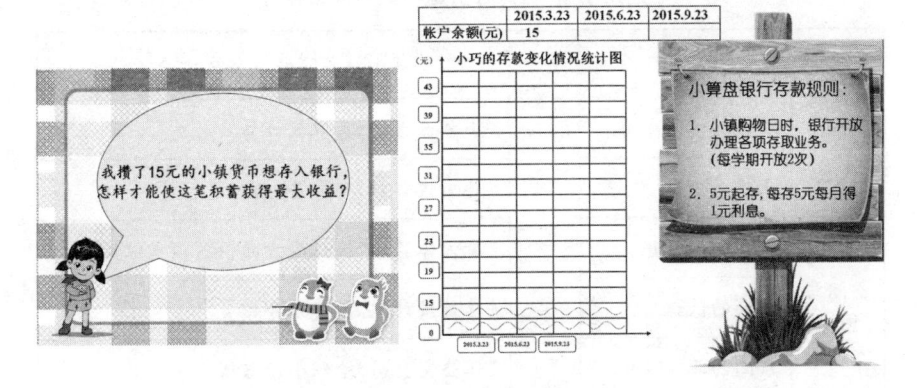

小巧存款变化情况图

2. 设计生活化的练习,提高学生的学习兴趣

数学练习必须架设起学用之间的桥梁,把练习生活化。这就是教学共同追求的"学以致用"。课本上的练习大多来源于生活,而这些生动的内容一旦被列入教材,由于受到时间、空间等多方局限,再次展现在课程教学有时就显得抽象,离学生的生活较远。如果教师能创造性地对教材中的练习进行还原和再创造,将数学练习融合于小镇的体验活动中,就可以使原有的练习为我所用。

例如教学四年级《整数的四则运算》在学生通过与棋牌社相关的巧算二十点实践活动,便可有效地巩固"正推和逆推"相关的知识点,这样既能激发学生的学习兴趣,同时也让学生体验到了玩中学的乐趣。

又如,教授二年级《东南西北》时,可以让学生模拟做回小导游,接待开放日的嘉宾,设计小镇游览路线。

通过一些实践和探索,发现根据二期课改课程标准中数学各大板块知识,部分都能在蓬莱小镇中找到可整合的资源和元素。这其中的体验活动其生成的学生实践经验既可提炼为"动态元素",也可便于教师根据学生真实的小型社会生活积累素材编撰成学习"静态素材"。如下表所示:

"蓬莱小镇"各课程资源与数学学科整合

数学学科		整合	蓬莱小镇各课程及相应体验活动
数与代数	整数的四则运算		《小算盘银行》存取款计算
	正推、逆推		《趣味棋牌社》巧算24点
空间与图形	正方体的认识		《魔方体验店》认识魔方面、棱、顶点位置块
	图形的认识		《建筑设计院》各建筑介绍
	东南西北		《镇公交公司》绘制小镇路线
统计与概率	测量	←	《服装设计室》量衣、剪裁
	搭配		《星星邮电局》派发明信片的路线规划
	条形统计图		《便利小超市》市场调查报告
	折线统计图		《便利小超市》销售量统计 《镇环保中心》小镇各处分贝数据收集
	平均数的应用		《建筑设计院》"步幅"估测教学楼之间距离
实践与综合应用	《解决问题》		《每日鲜菜场》的蔬菜定价
	《重量单位》		《美味西餐厅》制作糕点原材料选取和称重
	《可能性》		《魔方体验店》各角块的归位

当然，小镇元素在基础型课堂教学中的"显性迁移"和"隐性迁移"这两种方式并非完全割裂开，而是根据教学需要，综合运用。例如，上面举的两个数学的例子。实际上，数学教学应该将数学活动置于真实的生活背景中，从学习者的生活经验出发，提供给学生充分进行数学活动和交流的机会，使他们真正理解和掌握数学知识、思想和方法，同时获得广泛的数学活动经验。而"蓬莱小镇"就是一个模拟的小型社会，让学生能在此课程中经历生活的学习历程，同时更能激发学生运用所学能力。根据这一理念我们努力让学生经历"生活—数学—生活"这样一个

教学学习过程。

（蓬莱路第二小学　赵英）

【教师记事本】

"小镇"元素融入小学作文教学

作文教学是语文教学中的一个重要组成部分。作文教学对学生的发展起着重要的作用。作文教学可以培养学生正确的情感、积极的人生态度和正确的价值观；可以提高学生的书面表达能力；可以发展学生的思维能力，激发学生的创造潜能；可以巩固并提高从阅读中获得的知识能力。但目前小学作文教学还存在以下问题：一方面教师过分强调写作训练重点和写作的技能，淡化综合能力的培养，以致学生写作兴趣不高，作文往往缺乏创意；另一方面，小学生自身无意注意偏多，在生活中往往不会留心观察身边的事物，所以缺乏写作素材，写作时也很难写出自己独特的感受。要让学生在写作时能有丰富的素材，能在习作中表达出自己独特的感受，必须关注学生的体验。

《小学语文课程标准》在写作教学目标中指出要让学生在小学阶段逐渐养成留心观察周围事物的习惯，有意识地丰富自己的见闻，注意表现自己觉得新奇有趣的，或者印象深刻、最受感动的内容，珍视个人的独特感受。基础教育改革纲要以"体验"为核心，对教学提出了"强调形成积极主动的学习态度""关注学生的学习兴趣和经验""倡导学生主动参与、乐于探究、勤于动手""满足不同学生的学习需求"等要求。这些要求的宗旨是呼唤转变学生的学习方式，呼唤实行体验性学习。作文教学也应该如此。

"蓬莱小镇"课程为学生创造了独特的环境，让学生能在其中获得独特的体验，也为他们提供了独特的创作源泉。同时，"蓬莱小镇"模拟真实情境的教学方法和训练学生思维能力的教学方法也给小学生创意作文教学带来了启示。因此，可以结合"蓬莱小镇"课程的内容和教学方法来探究情境体验在小学作文教学中的实践,来培养学生的写作兴趣和创造性思维,提高学生的写作能力。

(一)"蓬莱小镇"课程内容和教学方法对小学创意作文教学的影响

1."蓬莱小镇"为学生提供了丰富又有创意的写作素材

从学生的问卷调查和教师的访谈中发现多数学生在写作中缺乏写作素材,作文常常缺乏新意,且很难写出真情实感。如何能够帮助学生积累有创意的素材,让学生在写作中真情流露呢?单纯的模仿、借鉴是不行的,只有学生自己亲身体验过、经历过,文章才能写得动人。而学生在每周五参加的"蓬莱小镇"课程,就为学生写作提供了丰富的素材。学生在这个小社会里体验不同的社会角色,有的成了美发师,有的成了中餐馆的大厨,还有的成了帅气的机长……他们在小镇中获得了最真实、最与众不同的亲身体验。此外,小镇民们在"蓬莱小镇"中社交面也变广了,因为他们是自主选课的,他们在接触新事物的同时,还可以认识新的朋友,和他们之间也会发生许多小故事。这些小镇故事,是其他学校的学生所没有的,所以题材新颖有创意。又因为是自己亲身体验的,文章就有真情实感,就更能打动读者。小镇的故事越来越精彩,在学生的作文中,"蓬莱小镇"的身影越来越多。

2."蓬莱小镇"教学方法给作文教学带来启示

"蓬莱小镇"课程为什么深受学生喜爱?为什么学生对小镇中的故事总是印象深刻,久久难以忘怀?除了"蓬莱小镇"有趣的课程内容外,还因为课程转换了学生的学习方式,用模拟真实情境的方法,让学生进行体验性学习。体验性学习,能够激发学生的学习兴趣,形成积极主动的学习态度。

"环境"和"体验"是学生创作的源泉。"蓬莱小镇"课程为学生提供了创作的源泉,那么课程采用的情境体验的学习方法,也为作文教学带来了启示。如何提高学生的写作兴趣?如何让作文课变得生动有趣呢?是不是也能把情境体验这种教学方法运用到作文教学中来呢?

3. "蓬莱小镇"训练学生思维能力的方法给作文教学带来启示

在"蓬莱小镇"的各个课程里,老师们在情境体验中还运用了许多不同的教学方法来训练学生的思维能力。"正义小法庭"课程中,老师让学生在模拟法庭辩论的基础上,运用开放式问题,鼓励学生能从多角度来思考问题,并发表自己的见解;"美味中餐馆"课程让学生在学习制作中式点心的同时,自己小结制作方法,并制作创意小点心;在"红星警察局"课程中,老师精心设计了一次次小案件,给学生一些线索,让小警察们小组合作,从分析线索开始,然后确定嫌疑人,最终破案……在写作教学中培养学生的思维能力非常重要,而"蓬莱小镇"课程运用的这些教学方法,也可以试着运用到作文教学中来。

(二) 情境体验对小学创意作文的重要性

情境体验,是指在教学过程中,教师有目的地引入或创设具有一定情绪色彩的、以形象为主体的生动具体的场景,以引起学生一定的态度体验,从而帮助学生理解感悟,并使学生的心理机能得到发展的教学方法。

1. 情境体验可以激发学生的写作兴趣

情境体验的核心在于激发学生的情感。情境体验可以帮助学生唤醒记忆,提高学生对写作的积极性,使写作成为学生主动进行的、快乐的事情。当作文教学中创设的情境可以使学生感到轻松愉快、心平气和、耳目一新,就可以促进学生心理活动的展开和深入进行,就可以激发学生写作的兴趣,从而引导他们从整体上理解和运用语言。

2. 情境体验可以培养学生的观察能力

学生认识世界的主要途径是观察,只有认真细致地观察,才能对事物有全面细致的了解,写出来的文章才会真实感人。然而学生在生活中往往不会留心观察,很难对事物的特征进行细致准确的描写。因此,培养学生的观察能力、使他们养成观察的习惯非常重要。在作文教学中,我们可以运用情境体验,将事物带到课堂中来,这样学生就能有最直观的感受,

77

他们就有机会仔细观察事物,在教师的指导下,他们就能渐渐学会观察的方法,养成观察的好习惯。

3. 情境体验可以激发学生的想象力

要想让学生不拘形式,自由地把自己的见闻、感受和想象说出来,而且内容要具体,感情要真实,教师就要在作文教学中经常为学生创造激发想象的情境,启发学生写想象作文,培养学生的创造想象能力。而情境体验可以使学生身临其境,仿佛置身在真实的情境中,能让他们充分地发挥自己的想象力。情境体验下的作文教学,可以真正实现"自然生成""自然表达"。学生由此能悟到作文真谛,尽情表达自己的感受。

4. 情境体验可以培养学生的思维能力

作文教学的根本任务是提高学生的语言表达水平和分析问题、解决问题的能力。而要达到这一目的,关键在于培养学生的思维能力。所有文章都是语言和思维的结合。在作文教学中,情境体验,可以为学生创设生动的场景,为学生提供更多的感知对象,能有助于学生灵感的产生,培养学生的思维能力。

(三) 基于"蓬莱小镇"课程研究作文教学中情境创设的方法

1. 观察自然,触发灵感

"蓬莱小镇"中有一门课程叫"小园艺中心",很多学生参加过这门课程。在"小园艺中心"里,学生们变身成了园艺师,他们了解植物,学习栽培植物的方法。他们在校园的小花坛里亲手播种,精心照料植物,待它们发芽、开花。这门课程是学生观察自然、亲近自然的好机会。每个人都处于大自然中,大自然为我们提供了丰富的写作素材,当我们静下心来,用心感受大自然,将自己融于自然情境中,就能触发灵感。

2. 情境体验,领悟真实

学生的日常生活包括:家庭生活、校园生活、社会生活。日常生活为学生写作提供了无穷的素材,只是很多学生往往不会唤醒日常生活中的记忆,所以总觉得没有内容可写。而创设情境的方法能够帮助学生唤醒自己的记忆,将真实的生活描绘出来,在作文中吐露真情。要唤醒对生活的记忆,靠的不仅仅是回忆,还有观察和情境的体验。

3. 角色扮演,激发情绪

除了游戏活动,我们还可以通过角色扮演、表演等形式创设情境,引导学生参与活动,在观察、讨论、表演的过程中形成作文材料,完成思维训练,产生情绪情感体验,最后形成语言文字完成写作。"蓬莱小镇"中的"阿拉丁剧场"和"快乐小舞台"等课程都教会了学生表演的方法,如果能让学生根据写作主题,以小组为单位,先自己写剧本,再组织排练,一定能激发学生的情绪,提高他们的写作兴趣。

(四) 小结

实践证明,"蓬莱小镇"的课程内容和模拟真实情境的教学方法都对小学生创意作文教学有着积极的影响,可以激发学生的写作兴趣,激活学生的创新思维,提高学生的写作能力。提高学生的写作能力是一个非常漫长的过程,所以探究情境体验在小学创意作文教学中的实践需要师生一起"持之以恒"。未来,也将继续探索"蓬莱小镇"中适用于小学语文作文教学的元素,进而开展实践研究。

(蓬莱路第二小学　胡佳佳)

第二节　融入"小镇"元素的"绿色作业"设计

"绿色"总给予人们积极向上的蓬勃生机。2011年上海市教育委员会发布关于《上海市中小学生学业质量绿色指标(试行)的实施意见》,明确指出"绿色指标"是建立良好教育生态的有效保障,对一所学校的评价既要看学业水平指数,还要看学习动力、学业负担、师生关系、品德行为、身心健康等十个方面的指数。

一、"绿色作业"的定义和目标

什么是"绿色作业"？基于"绿色指标"的理念，2013年我校提出"绿色作业"的概念，即常规作业外每学期各学科围绕同一主题研究设计三次长周期实践性作业，作业设计的目标既涵盖知识的学习，也包括自主发展、创新实践等适应未来发展的必备品格和关键能力的提升，同时让孩子在探究、发现、感悟的过程中获得良好的情感体验，从而营造并形成促进学生多元发展的作业生态。

二、"绿色作业"主题的确定

学校每学期举行三次全校性"绿色作业"作业展，每一次作业展都有一个统一的主题，语文、数学、英语、自然、美术五门学科的教师围绕同一个主题确定作业目标，设计作业内容和形式。那么"绿色作业"的主题怎么确定呢？"绿色作业"主题的确定会经过一个自下而上，又自上而下的过程。一般会由师生提议、教导处整理、校务会讨论，然后提前发布由教研组围绕主题讨论再由教师个性化设计指导学生完成。"绿色作业"的主题有以下几个特点：

（一）源自生活

"绿色作业"主题的选择源于真实的生活，包括"蓬莱小镇"小社会内外的生活。主题的确定聚焦真实生活中真实问题，引导学生链接生活的过程中调动已有的知识经验，通过实践体验获取直接经验，在形成新经验的过程中完成作业，实现作业目标的实现。这一类的主题有"未来的学校""小镇嘉年华""智能化小镇""创客来创课""小镇体育公园"等。

以2014学年第一学期绿色主题作业"公共汽车教室"为例。2014年底，学校根据师生的创想，拟通过上海市创新实验室项目把一辆废旧大巴搬进校园改造成一个"公共汽车教室"。要打造一个怎样的"公共汽车教室"呢？各学科教师围绕这个主题结合学科特点设计作业，让学生通过跨越学科边界的作业用绘画、书写、测算、制作等不同的方式表达自己的想法和创意;公共汽车教室里的座椅可以移动;这里可以上课也可以举行音乐会;公共汽车教室会变身展览馆、图书馆;每个座椅都有学生自己绘制的座椅套……

(二) 童心视角

"绿色作业"主题的选取也基于儿童视角,选择学生喜欢或关心的话题,激发学生参与作业的兴趣,让作业的过程变成自由畅想和表达的过程。这一类的主题有"小小地球村""迪士尼乐园""我的小发现""神奇的实验""书中的朋友"等。

以 2016 学年第一学期绿色主题作业"小镇嘉年华"为例。一年一度的"蓬莱小镇"嘉年华是每个小镇民期待的大派对。围绕这个主题,各学科教师设计了形式内容丰富的作业。语文学科教师引导学生用思维导图的方式写一份活动策划方案;英语学科有的教师请学生用英语写一份活动海报,有的让学生畅想"If I have 100 points"会怎么在嘉年华使用;数学老师带领学生解决嘉年华中各种各样的数学问题;美术老师指导学生设计嘉年华活动门票,有的学生还设计了二维码或条形码……童心童言,在作业中自由尽情地传递和表达。

(三) 关注热点

通过"绿色作业"的设计带领学生关注国家大事、时事热点、社会新闻等,学生作业完成的过程,也是他们探究世界、拓宽视野、展望未来的过程。这是引导学生从"小社会"走向"大世界"的重要一步,更是在作业过程中立德树人,培育未来社会人正确的世界观、人生观的有效途径。这一类的主题有"祖国的生日""建党 100 周年""北京冬奥会"等。

以 2021 学年第二学期"北京冬奥会"为例。2022 年 2 月冬季奥运会在北京举行,各学科教师围绕"北京冬奥会"主题作业的设计,带领学生关心冬奥赛事,学习奥运健儿精神。二年级语文学科从立春恰逢北京冬奥会开幕式入手,结合第一单元春的诗文探究 24 节气之首立春的含义,感悟中华传统文化邂逅奥林匹克精神;三年级数学老师基于教材七巧板学习内容,利用七巧板拼出冬奥会相关元素的图案(体育运动或相关运动器材等),再请学生查找并记录此项相关运动的数学信息。

历年的"绿色作业"主题

时　　间	主题1	主题2	主题3
2013学年第二学期	迎新年	找春天	看世界
2014学年第一学期	公共汽车教室	校园里的植物	我喜欢的节日
2014学年第二学期	新年新春	小镇畅想	感恩的心
2015学年第一学期	我是小镇长	收获的季节	迪士尼乐园
2015学年第二学期	新年和新春	我们会管理	创客来创课
2016学年第一学期	夏日的记忆	学校的生日	小镇嘉年华
2016学年第二学期	我是小老师	货币与积分	未来的学校
2017学年第一学期	玩转大世界	祖国的生日	神奇的实验
2017学年第二学期	有趣的发现	小镇电视台	书中的朋友
2018学年第一学期	垃圾分分类	未来的我们	想不到的事
2018学年第二学期	小镇研究院	小小地球村	玩转儿童节
2019学年第一学期	我们爱祖国	秋季运动会	智能化未来
2020学年第一学期	我们爱劳动	奇妙的春天	我的小发现
2020学年第二学期	牛年正月十五	小镇体育公园	建党100周年
2021学年第一学期	好朋友老师	劳动中创造	智能化小镇
2021学年第二学期	北京冬奥会	畅想数字2	我的藏宝盒

三、绿色主题作业实施与评价

（一）绿色主题作业设计的要求

绿色主题作业的设计需要做到三个"紧扣"方能体现作业设计的有效。一是紧扣年段目标。作业的设计要关注各年级学生的年龄特点，紧扣年段教学目标，基于目标纵向不拔高，但可以横向打开延展，体现作业综合性和跨学科特征。二是紧扣单元目标。作业设计要基于近阶段学科教材的单元目标，绿色主题作业是单元学习的延伸和拓展，体现作业的探究性。三是紧扣"绿色作业"的主题。即每一次主题作业的设计都要紧扣主题，做到不偏题不跑题。教师通过教研组活动的平台共同研究策划和设计，虽然每个教师的作业设计都不相同，但是三个"紧扣"的要求提升了教师作业设计的目标意识，提升了作业设计的有效性。

在三个"紧扣"的基础上，我们还研究如何在"绿色作业"中融入"蓬莱小镇"元素。怎么样的绿色作业是融入"蓬莱小镇"元素的呢？我们认为应该包含这样的特征：一是作业目标的确定基于学生核心素养的培育；二是作业内容的选择与"蓬莱小镇"相关联，源于真实的社会生活；三是作业形式的设计给予学生广阔的自由生长的空间，多以任务驱动、实践创新为主。以上三点满足其一或更多，都可以被界定为融入"蓬莱小镇"元素的绿色作业。

（二）绿色主题作业的实施

依据三个"紧扣"及融入"蓬莱小镇"元素的要求，各学科教师在教研组活动中展开专题的讨论，共同明确作业设计的目标，共同解读主题的内涵和外延，共同寻找其与学科单元目标的结合点，创造性且个性化地提出自己的作业设计构想。作业的设计要体现综合性、探究性和跨学科性的思考，可以设计为长周期作业，作业完成的形式不限，可以是图画和文字的组合，也可以是动手制作、音频视频的二维码或者过程性照片等。在共同研讨碰撞的基础上，各学科教师带领学生走进作业创设的情境，引导学生在做作业的过程中主动地探究和创造性地表达。

以2019学年第一学期"我们爱祖国"绿色主题作业为例。2019年是新中国成立70周年,以"我们爱祖国"为主题的作业引领学生在探究中了解国家的发展变迁,激发爱国热情和民族自豪。

* 语文学科

二年级语文老师结合语文学科特点,并根据语文课进度所在单元目标,设计了这份"夸夸祖国建设者"作业。作业要求学生仔细观察这些祖国建设者穿着什么服装?他们是怎么工作的?孩子们在暑期中走出家门,用照片或绘画的形式记录下劳动者工作的场景。回到家后,先罗列出是哪个行业的建设者,把观察到的场景进行整理;再以连贯的语句将建设者劳动时的连续动作描写出来,写成几句话;并加上自己的想法来夸夸祖国的建设者,从而激发孩子对祖国劳动者的崇敬之情。二年级语文学习正处于一个由句过渡到段的写作阶段,连续性动作描写是写话指导时重点训练的内容。教师合理设计作业的梯度,又给予孩子一定自我探究的空间,将书本知识与生活实际相结合,让孩子在实际生活中发现、运用,这样的文字才是鲜活的。

五年级学生通过浏览网站"网上非遗博物馆",选择一个非遗项目。以历史博物馆将举行"寻中华非遗 为华诞献礼"的专题展览为情境,推选一个项目,撰写介绍词;并设计一个能与小镇课程结合的相关主题活动。结合小镇元素,在情境中完成作业,进行线上与线下的互动。传承非遗文化,从身边做起。五年级的孩子在词语积累上更加丰富,在语言组织上更加自如,在谋篇布局上更加合理。如果说二年级的某语文老师设计的绿色作业体现了"基于标准,关联生活"的理念,那么五年级这位老师设计的绿色作业就体现了"情境创设,任务驱动"的理念。

* 数学学科

数学老师的作业设计中用到了不少大数据。比如,引导学生收集新中国成立70周年以来的人口、住房面积等相关数据。作业的开放设计带给学生更广阔的空间,学生从不同视角来发现和探究,有的学生从人均

GDP入手的,有的学生从城市建筑物的高度变化来比较,有的学生研究人均寿命,还有的学生用数据的变化来介绍交通发展。作业完成的形式也各不相同,数轴、条形统计图、折线统计图、饼图等方式五颜六色的数据,清晰而直观地表现了自己在作业中的发现,表达了自己作为中国人的自豪。例如,三年级部分学生研究了大楼的高度。横向时间轴展现上海速度,纵向高度轴展现上海高度,结合时间与空间两个维度,祖国的发展清晰可见;五年级部分学生通过运算,发现了新中国成立以来一些数据增长了10倍、100倍,甚至是1 000倍,收集数据的基础上分析数据、使用数据,学生在作业完成的过程中提升的又何止是数学能力呢!

* 美术学科

各年级的美术作业设计也颇有创意,围绕主题展现了由低年级到高年级层层递进式的年段特点。二年级结合教材中《画邮票》一课,请学生以"为祖国庆生"为主题,设计一款纪念邮票。低年段学习绘画的基本手法,了解基本形状,感受色彩特点;四、五年级则要求运用线条、形状、色彩、机理和空间等造型元素,以描绘立体造型的方法表现作品。

(三) 绿色主题作业的评价

绿色主题作业展——围绕绿色主题作业的不同主题,每个学期将举行三次全校性作业展。布展的地点在各班级的教室,教室左、右、后三面的墙壁以软木板覆盖,构成各班级展区,作业展取代原黑板报,成为全班学生展示作业的空间。布展由正副班主任带领学生共同完成,主题醒目而凸显,一般按语文、数学、英语、自然、美术五门学科分成五个小展区,用该班学生喜欢的方式展出学生的作业,每个班级的作业展都呈现不同的思考、创意以及审美。每个学生的作业都能在班级作业展上亮相,特别优秀的作业还将通过学校公众号线上展出。

线上线下观展活动——每一次作业展布展完成的截止日期后,学校将组织各种形式的观展活动。教师利用教研组活动互相观看各班学生作业完成情况,在互相交流和评价中互相启发和影响,发现亮点也发掘问题,提升作业设计的能力;同年级学生将在班主任带领下走班观展,由部分学生负责各小展区的讲解,学习同龄小伙伴的想法和表达,有时还能参与现场互动和评价活动,互相观展的过程正是学生自我评价和互相评价的过程。线下观展的基础上,我校还通过公众号、视频号等线上作业展方式提供更广阔的互相学习的平台。

作业设计分享和讲评——每一次主题作业展后,学校将举行一次全校教师范围的绿色主题作业设计分享和讲评会。每一次的分享活动都基于各学科作业情况的评价数据,我们从教师和学生两个维度制定了评价表,由各年级分管领导负责评价(见下表)。分享讲评活动由一名中层干

绿色主题作业评价表

布展时间: 　　　主题: 　　　班级: 　　　评价人:

学科	教师	作业设计意图明确、紧扣目标	作业设计有创意	作业完成态度认真	作业完成有创意	分学科合计得分
		5 4 3 2 1	5 4 3 2 1	5 4 3 2 1	5 4 3 2 1	
		5 4 3 2 1	5 4 3 2 1	5 4 3 2 1	5 4 3 2 1	
		5 4 3 2 1	5 4 3 2 1	5 4 3 2 1	5 4 3 2 1	
		5 4 3 2 1	5 4 3 2 1	5 4 3 2 1	5 4 3 2 1	
		5 4 3 2 1	5 4 3 2 1	5 4 3 2 1	5 4 3 2 1	
		5 4 3 2 1	5 4 3 2 1	5 4 3 2 1	5 4 3 2 1	
班集体建设板块				整体排版美观		
5 4 3 2 1				5 4 3 2 1		

(备注:5——非常好;4——较好;3——一般;2——不够好;1——需努力)

特色与亮点:

部或轮岗教师负责主讲,也会邀请部分教师分享作业设计的思考或结合现场观展。分享的内容包括作业目标的确定、教师作业的创意设计、学生作业完成的创意呈现等,也包括布展的情况和主要存在的问题。

【教师记事本】

绿色作业,期待每一次的思维碰撞

　　绿色主题作业设计在我校推行已近10年头,每一次作业都有一个独特的主题,围绕着这些主题,无论是教师设计作业时的思路,还是学生完成作业时闪现的智慧火花,都跳脱出了以往常规的既定模式。打破了我们关于作业的旧观念,恰似一阵扑面而来的新风,吹去了曾经一成不变的作业程式,一时之间在校园中注入了一股的活力,每一次绿色主题作业变成一场老师与学生的智慧之旅,其间经历一次又一次的灵感碰撞,不时诞生出了一串串奇思妙想的花串,点亮我们的思维星空。

　　2015年4月,这一期的绿色作业主题是——"小镇的畅想","畅想"一词,是无拘无束尽情想象的意思,围绕这个作业主题,让学生可以尽情地想象关于"蓬莱小镇"的一切。似乎教师的这次绿色作业设计变得天马行空,信手拈来,学生可以按着自己的心意,任意畅想他们心中的小镇,他们心中的理想国,这样一个自定义的主题,是让所有学生感到跃跃欲试的。但是到了实际操作这一部分,遇上的难点是我所面对的学生群体是一群刚刚进入小学学习才半年的学生,他们的语言系统还未构建完整,甚至有的连口头表达还是疙疙瘩瘩,加上这群小朋友刚刚进入小学,对于我校"蓬莱小镇"的接触也只有半年多,最多也就选修了三个课程,一些小朋友还懵懵懂懂的,让他们在纸上畅所欲言地表达关于小镇的畅想,似乎是一种挑战,究竟怎么引领小朋友对小镇进行畅想? 教师也希望每一次的绿色作业展示可以尽可能多地将学生的作业布置到教室的展板上,让更多的小朋友在一次次作业中学习能力得到提高,而不是只有寥寥几份作业鹤立鸡群,这样的结果是曲高和寡的,对于绝大多数的学生而言,他们在这个过程中的提升是少之又少的。所以,设计一份既易操作又能让学生碰撞出思维火花的绿色作业才是有实效的作业。

经过一番思考,我想关于小镇的畅想应该是以小镇民的小镇生活为依托,是学生身为一名小镇民对于小镇的文化生活、设施、规定、对外交流等做一系列延伸思考,这样的延伸是先立足于小镇生活,继而开启小镇民对小镇未来生活发展的想象,是小镇民作为主人翁为小镇构建的关于未来的蓝图。

理清了关于"小镇畅想"的主题内涵后,我试着寻找一些贴近低年级小镇生活的抓手将这个理念通过一份别开生面的绿色作业体现出来。于是,我将视角投射到我所教的这群一年级的小朋友身上,幻想自己也是第一社区的一名小镇民,兴奋地看着自己一个又一个喜欢的小镇课程,哪些课程能够为小镇的文化生活、设施、规定、对外交流留下空间,让学生驰骋他们的想象呢?最后我把目光锁定在了"星星邮电局"这个课程里,此课程其实涵盖了小镇的对外交流这个部分,学生可以以此进行关于对外交流思维的"环球旅行",于是我设计了如下一张由星星邮电局的小镇民寄出的一张明信片:

瞧，明信片上首先映入眼帘的是我们的小镇吉祥物"蓬蓬"和"莱莱"，非常富有小镇特色，它们也是深受小镇民喜欢的。接着是来自星星邮电局的邮戳，和一张小镇邮票，邮票和邮戳只是一个雏形，这里也隐含了对小镇邮票和邮戳的畅想，你可以自己对这邮票和邮戳进行各种随心所欲的设计；至于明信片寄往哪里寄给谁，也是小镇民自己的畅想，可以自由发挥；包括小朋友写给收信者的明信片内容，老师只提供一个框架，里面的内容由小朋友自己进行撰写，小镇民可以用他们稚嫩的语言畅所欲言地和朋友说说在小镇生活的感受。最后，原本空白的明信片还可以让小朋友对明信片进行整体设计，让它变得五彩缤纷，充满童趣，更加富有小朋友的气息。

设计这样的明信片来表达小镇民对于小镇的畅想，还有以下几个设计意图：

一、基础型课程与拓展型课程的有机整合

小镇民在星星邮电局中曾经学习过如何来写明信片，也了解了明信片基本的组成，这份语文绿色作业，既可以帮助学生温故在拓展型课程中所学的知识，同时又将两个类型的课程巧妙地整合在了一起。

二、低年级语文学习中简单句式的夯实训练

在这张明信片中，正文部分，我们仔细一读，发现是由基本句式"谁在哪里干什么"构成的，教师在设计时采用"由扶到放"的形式，先让学生填空，完成第一句，再自己写一句，好朋友会在蓬莱小镇里干什么，这样既充分发挥了学生的想象，又为低年级小朋友夯实了这一基本句式的训练。

三、低年级学生审美情趣素养的无痕培养

除了让学生进一步掌握明信片的写法，以及对学生夯实低年级语文学习中一个基本句式。在明信片上还请学生为吉祥物蓬蓬、莱莱涂上颜色，设计属于星星邮电局的专属邮票、邮戳等，这样充分调动了孩子的审美情趣，无痕地培养了学生对美的表达，也是孩子将美术学科中学到的本领运用进语文学科的学习中。

　　绿色作业完成后，我在一张张色彩斑斓的明信片上看到小朋友这样写道：亲爱的姐姐，告诉你一个好消息，我在"蓬莱小镇"的彩泥俱乐部里，学会了捏小猪。我觉得真自豪！欢迎你也来我们小镇做客！在这里，你也能像我一样学会捏小猪噢！有的小朋友这样写道：亲爱的哥哥，告诉你一个好消息，我在"蓬莱小镇"的牙病防治所里，学会了检查牙齿。我觉得真高兴！欢迎你也来我们小镇做客！在这里，你也要来我的牙病防治所检查牙齿噢！还有的小朋友这样写道：亲爱的外国小朋友，告诉你一个好消息，我在"蓬莱小镇"的每日鲜菜场里，学会了剥毛豆。我觉得真开心！欢迎你也来我们小镇做客！在这里，你将会收获到我特别为您剥的毛豆噢！

　　……

　　望着这一份份童趣盎然、可爱有趣的绿色作业，我也十分欣喜。我想每一次的绿色作业，不仅让老师经历了一次次脑洞大开的过程，还让小朋友在每一个不同主题设计下的作业，也能迸发出与传统作业不一样的智慧火花，更是让每一个看到这些洋溢着奇思妙想作业的观众，也能与那些有意思的绿色作业进行灵感大碰撞！

（蓬莱路第二小学　朱雁鸿）

第三节　"蓬莱小镇"情境中的项目化学习

　　"项目化学习"不是个新名词了，但是提到"项目化学习"，我们还是会觉得它有些神秘莫测，那是因为当我们要打破原有的教学方式和节奏，去接受一种新的改变时，内心往往是拒绝的。但是当我们揭开它的面纱后，会发现"项目化学习"其实并不神秘，它就在我们身边。

　　"项目化学习"的英文是这样表述的：Project-Based Learning，也就是为什么我们有时候会直接称"项目化学习"为PBL。通常大家都会关注到"项目"或者是各种与项目有关的"活动",因为项目是显性的、易见的,也是最容易吸引眼球的,但是我们往往却忽略了"项目化学习"这个词组中的另一个词——"学习"。我们都知道,"项目化学习"是一个偏正词组,中心词是学习Learning,所以核心讲的还是"学习"。怎样的学习呢?基于项目探究的学习。换句话说,项目只是学生学习的一个载体,做项目只是让学习发生的一种重要方式。我们都知道,"项目化学习"是以杜威"做中学"为理论基础的(做项目的过程中学习,Learn by doing)。项目化学习作为一种学习方式,到底有什么样的流程和要素呢?项目化学习的本质是基于问题解决的学习,也是Problem-Based Learning。因此有专家认为,从问题解决的一般流程角度,"项目化学习"可以概括为四个基本流程,即项目化学习的4P模式。它是四个P的组合(问题problem、方案plan、实践practice和成果product)。

问题problem——在真实的生活情境中发现需要解决的问题,激发学生探究的内在动机。

方案plan——聚焦核心问题,制订解决问题的计划或方案,包括一个个小问题或小任务。

实践practice——通过实践活动解决问题。每个小问题或小任务的完成都离目标又近些。

成果product——形成指向问题解决的可公开的成果,并进行分享、检验。

基于这样的逻辑,你会发现其实我们日常学校教育教学组织实施的过程中很多时候已经是"项目化学习"的思维,或者稍加转化就是"项目化学习"。在我们的"蓬莱小镇","项目化学习"几乎无处不在。

一、"蓬莱小镇"课程是依据"项目化学习"的逻辑推进的

我们学校2013年起打造"蓬莱小镇"课程,它是学校拓展型课程,也

是小学主题式综合活动的课程，根据五个年级打造六大社区，开发"医院、邮局、银行"等48个主题小课程。每一个小课程如何实施的呢？

以五年级的"超级电影院"为例，这个课程共有10次课。第一次课教师创设了"蓬莱小镇"电影节的情境，引导学生思考"怎么拍一部微电影"的问题（problem），接下来学生分组讨论梳理完成一部电影的拍摄要做哪些工作（plan），然后他们根据计划分工实施：确定主题、撰写剧本、排演拍摄、剪辑配音、电影宣传……（practice），最后每组诞生一部微电影，以电影节颁奖的方式呈现和颁奖（product）。这个流程和PBL实施路径是一致的。微电影可以说是学生做的一个项目。但实际上，我们最关注的是学生在微电影拍摄过程中的学习和成长（也就是learning的过程），这个过程中学生撰写剧本需要调动语文学科知识技能，拍摄和后期制作需要调动信息技术的知识技能。如果原有知识技能不足以完成这个任务，学生就会主动学习研究，比如怎么利用软件剪辑、配音，选取怎样的角度拍摄最合适，等等，还包括怎么与同伴合作，这时真实的学习发生了，综合能力得到提升，做中学，这是最珍贵的成长。

在这个学习过程中，至少有三点与我们以往的教学方式有很大的不同。一是学生以往学习的都是一些浅表的知识和技能，但在项目化学习过程中，学生是通过问题的解决，以高阶学习带动低阶学习，学习更有深度；二是我们以往习惯于先教给学生一些知识和技能，然后再让他们运用于问题解决，但是在项目化学习过程中，学生是在问题解决的过程中，自主地研究、相互地学习，是基于问题解决促发学习，是在不断试错的过程中学，也就是做中学、用以致学，学习更可迁移；三是我们以往也会让学生进行问题的探究学习，但是问题如何解决更多的是老师牵引着学生，一直"扶"着学生不敢放手，学生只是按照老师预设的轨道进行"假"探究，缺少真实的独立的思维，但在项目化学习过程中，解决什么问题（problem）以及如何解决都是由学生自主设计（plan），自主探究实践（practice），最后形成个性化的学习产品（product）。

第四章 融合：撬动基础型课程教学的变革

	problem	plan	practice	product
服装设计室	怎样让落叶变服装	确定实施路径	量体、裁衣、设计、制作	服装秀
便利小超市	怎么扫码更便利	确定实施路径	探究、生成商品二维码	运用超市

这样的项目化学习发生在更多"蓬莱小镇"课程中，选择其中两个例举如上。用这样的逻辑去分析学校已经开发的课程，我们会发现很多课程本身就是这样实施的，有的稍加提炼、强化或转化就是"项目化学习"。

二、"蓬莱小镇"个性化学习支持系统是以"项目化学习"的方式搭建的

为满足学生个性发展的需求，学校由"蓬莱小镇"延伸打造了一系列个性化成长平台，比如魔法小书店出版社、小镇研究院、小镇工作委员会、小镇媒体中心、小镇大讲堂等。学生根据自己的兴趣爱好加入其中一个或多个。这些平台怎么构建和运作，学生的学习是如何在这些平台中发生的呢？

以魔法小书店出版社为例。学校鼓励热爱写作的学生向出版社申请书号，如果有学生想要出版一本书，那他就在真实的小社会情境中有了一个要解决的真实问题——如何写一本书？（problem）有了这个问题或者目标以后，他在学校个性化平台支持系统中获得帮助，开启了写书的计划（plan），并经历内容构思架构、确定书名目录、完成草稿配图、新书审校修改等学习的全过程（practice），最后在新书发布会上展示和介绍自己的新书，并进行作家见面会和新书签"售"（product）。学生写书出书的整个过程就是项目化学习的过程。

三、"蓬莱小镇"的大型活动是全校师生"项目化学习"的过程

在"蓬莱小镇"小社会里，每年都会举行大大小小的活动，如小镇运动会、小镇艺术节、儿童节嘉年华、春秋季郊游等。每一次活动都是全校师

93

生进行"项目化学习"的重要机会和过程。

以运动会为例,怎么举行好今年的运动会呢?这就是一个问题(problem)。一般都由教导处和体育组老师们策划写方案,这就是第二步(plan)。然后根据方案把一个个任务转化为一个个项目推进,比如怎么统筹安排各项比赛的时间和场地,怎么设计今年运动会的奖牌,怎么宣传报道这次运动会,等等,教师在实施过程中发现问题、调整方案、解决问题的过程就是教师在项目中学习成长的过程,这是第三步(practice)。最后呈现的运动会就是项目的成果(product)。每一次这样的活动,都把它看作项目,教师把活动实施看作项目学习,这就是教师层面很好的"项目化学习"。那么怎么让学生也参与呢?以上四个步骤不要教师包办,让学生参与一起做,根据不同年段,学生只完成其中小小的项目(比如我们班的入场式怎么呈现,哪怕就是我们班入场式制作一个怎样的道具等)就是师生共同的项目化学习过程。

2022年2月22日,刚好是星期二,农历正月二十二。这么多"2"齐聚的特殊的日子,我们抓住契机在"蓬莱小镇"里举行了一次"TWO DAY"主题活动。这个活动提前一个月进入准备阶段,全校师生从目标设定、方案策划、实践经历到当天活动日的呈现,经历了一次完整的"项目化学习"。这次活动后,学校教师对"项目化学习"有了更多层次的思考,原来项目化学习可以在课程教学、德育活动、教育科研等不同领域灵活运用,而且项目化学习的主体不仅仅是学生,也可以是老师。

平时教师在教育教学工作中也经常要做项目、做课题,我们可以看到,做项目、做课题的基本路径与我们今天探讨的"项目化学习"的基本路径也基本一致。我们经常讲,老师们在做项目、做课题的过程中获得专业成长。所以说,"项目化学习"并不神秘。只不过,在"项目化学习"中,学生除了要"做项目",还需要有学习发生,特别是有我们期待的学习发生,这就需要我们进行精心的设计。所以,对学生而言是"做中学"(learning by doing),对老师而言是"有设计地教"(teaching by design)。

第四节 融入"小镇"元素的智能即时评价

在上海市教委"绿色指标评价"理念的指导下,结合办学理念和育人目标,学校对教育教学评价的改革进行了积极的探索。为此,学校设计开发了具有学校特色的"课堂学习即时评价系统"(App),此系统研究项目"智能即时评价系统的开发与实践"被立项为上海市中小学教育质量综合评价及其改革学业质量绿色指标区、校评价实践研究项目。历经两年,完成了该评价系统的开发、实践和运行,实现了预期的研究目标并取得了较好的实践效果。

一、智能即时评价系统的设计背景

1. 以多元化过程性评价促进学生全面发展

教育评价在教育教学中的现实意义和实际价值是毋庸置疑的,因此关于教育评价的研究与关注也非常高。近年来大家比较强调过程性评价,其意在一定程度地淡化评价的结果,摒弃只看结果或者过度关注结果的评价方式。无论教育研究人员还是一线的教育管理者和教师,基本都形成了一定共识。为了促进学生全面发展、为了培养学生的创新精神与能力、为了发展学生的核心素养与综合能力等教育理念与教育目标,是形成共识的理论与实践基础。

上海市《基于课程标准的评价》要求中指出:学校和教师要把评价建立在课程标准的基础之上,依据课程标准和学生年龄特征,合理设计评价目标、评价内容与评价方式。要在日常教学中加强过程性评价和表现性评价,探索通过课堂观察及时评价学生表现。要设计符合课程特点和本校特色的评价体系,采用多种评价手段,实施多元评价。

对于教育评价,由于我们往往更关注结果而较少关注过程,导致学生学习过程中需要的学习习惯、学习方法的培养、学生综合成长等没有一个过程性量化，因此我们必须与时俱进地改革，尤其需要关注量化方式的评价。

在此基础上，我们结合学校"在这里，我们发现未来"的办学理念，积极关注学生的未来、关注学生全面的成长。基于此，我们以学生为本，研究过程性的评价、表现性的评价，主要通过课堂观察等方式，来实现对学生进行即时评价。

2. 以智能化大数据系统助推多元化过程性评价

要实现多元化过程性评价的真正价值，避免出现流于形式、评价肤浅走过场等问题的出现，需要借助现代信息技术手段来实现。因为传统的评价手段很难实现多元化过程性评价的理想目标。

一方面即时性评价产生大量数据，需要依靠信息技术进行数据的采集与分析实现准确、高效与科学化；另一方面借助手机等移动终端工具，可以实现即时的显现、反馈与互动，加强学科之间、教师之间、家校之间的有效沟通。鉴于多元化过程性评价的快速发展与普遍的运用，以及信息技术作为工具的出现，积极研究探索教育评价的现代化改革，以智能化大数据系统助推多元化过程性评价成为一大趋势。因此，学校尝试探索有效开发、利用信息技术手段，全面、即时记录学生的各方面表现，将多元化、过程性评价落到实处。

3. 构建符合国家与上海教育综改方向的校本化学生评价体系

国家与上海教育综合改革呼唤学生评价的校本化。为了这一目标，各地教育研究部门与学校都在积极探索与实践。近几年，我校基于课程标准的评价及绿色指标评价的要求，带领教师针对自己所教的学科，探索了在课堂学习过程中的多元评价，如一堂课后，有的老师用敲"小红花"章、发奖券等方法鼓励孩子。但对学生的评价以老师主观印象为主，教师现有的评价方式不能随时记录学生在校期间的相关数据，无法保证数据的及时性和有效性，往往是只关注自己学科学习中的表现，不能全方位地综合了解一个学生的学习情况。家长也不能及时了解到自己孩子在校表现。如何更及时更细致更便捷地评价学生在课堂学习过程中的不同表现,让评价对学生而言更具激励的意义,如何让来自不同教师的评价变成可以统一管理的大数据,如何在基于课程标准评价的基础上结合学校的育人目标来培养未来小小社会人?为此,学校制定了分学科课堂学习即时评价指标,开发了具有学校特色的"课堂学习即时评价系统"App。尝试通过这个评价系统的建立,较好实现学校全面系统地对学生综合评价的目标。

二、智能即时评价系统的布局

(一)研制学生评价指标

评价指标的研制从学校的育人理念和培养目标出发,着眼于学生核心素养的培育,旨在培养全面发展且具有良好创新意识与创新能力的未来社会人。聚焦学生"守规则"的落实与促进学生"有个性"两个方面,根据不同年段的学生应该达到的要求及不同学科的特点,设计相应的一级、二级评价指标。同时还相应地建立了教师使用工具量表。教师可以实现在实践中观察、记录、评价。

评价指标的设计原则是:第一,关注学生学习习惯与行为习惯的养成;第二,聚焦"守规则""有个性"两大学校育人目标;第三,充分给予教师个性化评价的空间,基于不同角度的观察,注重学生行为表现性评价,用实时的方式来评价记录学生的在校表现;第四,在运用过程中不断改进,提高评价指标的合理性、科学性和实用性。

评价指标涉及的范围涵盖了基础型课程评价、拓展型课程评价、探究型课程评价和学生德育表现评价四大模块。

(二)建构智能即时评价模块

依据评价需求和评价指标,我们创建了学校课堂学习即时评价系统(App),实现了评价工具创新带来的评价方式的改变。

该 App 及后台管理系统架构设置为三个层次：基础管理层、评价指标层、统计分析层。教师依托手持式终端智能手机完成应用。

基础管理层主要提供班级、学科、学生教师及管理角色权限的设置与维护。评价指标层提供设置各种学科学习的评价指标、课外活动等各项评价指标。统计分析层提供了多维度、多样式的即时评价统计，并为进一步研究提供可靠的数据支持。三大层次相互依托构建成完整的学生评价系统 App(见下图)。

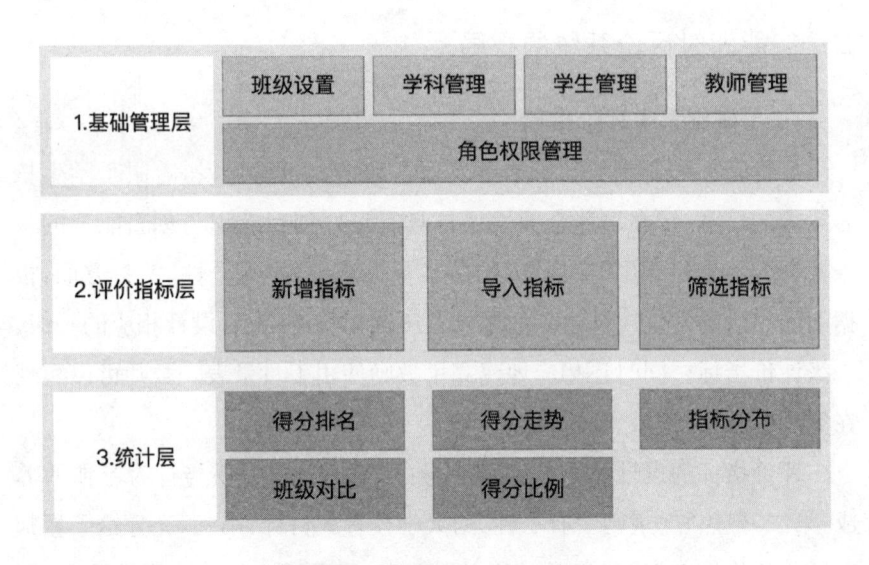

1.基础管理层	班级设置	学科管理	学生管理	教师管理
	角色权限管理			

2.评价指标层	新增指标	导入指标	筛选指标

3.统计层	得分排名	得分走势	指标分布
	班级对比	得分比例	

学生评价系统 App 结构

2016 年 3 月，这套评价工具正式投入试点。学生持有"蓬莱小镇"银行卡(即积分卡)，老师配有手持式评价终端，选择相关评价指标后，靠近学生的积分卡后积分即计入了学生的卡里。经过两个多月的试运行，2016 年 9 月在全校推行实施运行。

（三）评价系统的应用与优化

即时评价实践研究过程中，我们发现该系统不仅即时呈现学生评价结果,而且通过这种过程性即时性的评价反馈帮助学生更好地认识自我,学会自主管理。例如,四年级学生在"货币和积分"主题作业展中,学生完成个人理财报告的撰写,其实就是自己获得积分和使用积分的情况。学生画出饼图分析得分的来源,这个过程就是自我评价的过程。低年级学生通过积分手账的方式制作简易的研究报告,比如3月1日有200分、3月2日有206分,根据积分来做统计图,看出各个板块的积分情况。从这些学生的作业可以看到,积分具有广阔的使用空间,对学生有激励引导作用,成为学生自我引导、自我调整的方式。

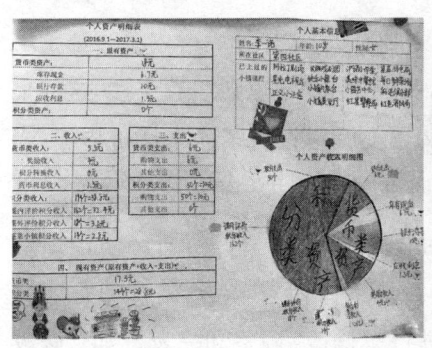

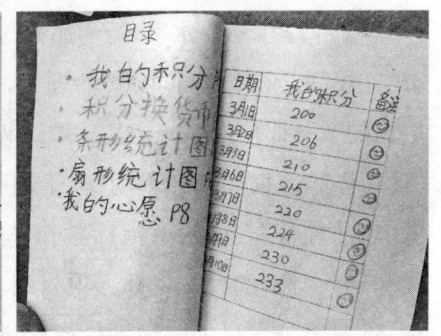

"货币和积分"主题作业

同时,我们更深入地进行了教育科研方面的研究,探索系统的应用与优化。针对学生、班级和教师的个案,使经验上升到理性的思考,据此调整和改进课堂教学设计,提升课堂教学质量。"学生成长实时评价系统"立项为区信息项目,"运用'App即时评价＋导引'的方式提升中低年级学生数学学习品质的研究"立项为2018年区级课题。我们不断进行深入的研究,已累积教育教学案例数十篇。这些一方面帮助教师更好地使用这套工具,另一方面通过这些深入研究与实践的举措,积极调整,不断优化学校的教育教学工作。

三、智能即时评价系统的运作效应

（一）主要成果

1. 建构并完善了学生发展性评价指标体系

我们通过研究与实践，制定了各学科课堂评价指标和行规评价指标并付诸实施。在实施过程中，不断检验指标的合理性、实用性并积极地调整。在绿标评价理念的指导下，我们依据各学科课程标准结合学校育人目标，各学科教研组制定、修改和完善了课堂评价指标及行为规范方面的评价指标。

评价系统设置了基础型课程评价、拓展型课程评价、探究型课程评价，涵盖了学生学业水平、行为品德、兴趣发展、文体修养等内容。基于培育"守规则又有个性的儿童"的理念，我们确立"守规则""有个性"这两个层面的学科评价指标。如基础型课程语文学科设置了四个评价指标，为"读写姿势端正""遵守规则、善于倾听""发言积极、声音响亮""善于思考、想法独特"。前两条指标紧扣"守规则"的育人目标，后两条指标则紧扣"有个性"的育人目标。项目组经过多次研讨，结合学校的育人目标，针对部分学科的一级评价指标进行了修改、调整和完善。如：修改过的数学学科也是四个评价指标，其中"书写规范 姿势端正，遵守规则 善于倾听"就是指向"守规则"的育人目标，"思维活跃 乐于合作""发言积极 表述清晰"就是指向"有个性"的育人目标（见表《三类课程评价指标内容》）。

在修改、完善的一级评价指标下面，我们又确定、细化了分年级的评价指标。以数学学科为例（见表《数学学科即时评价二级指标描述》）。

此外，我们还进行了行为规范方面的评价研究，增加了"课外评价"板块，帮助我们关注学生学校学习的全过程。配合行规要求，我们也制定了评价指标及分年级指标的具体描述（见表《行为规范板块分年级指标描述》）。

第四章 融合：撬动基础型课程教学的变革

三类课程评价指标内容

学科\指标		语文	数学	英语	音乐	体育	美术	自然	道法	信息	劳技	蓬莱小镇
守规则		读写认真 姿势端正	书写规范 姿势端正	读写认真 姿势端正		不怕困难 踊跃参与		认真细心 操作规范	合作交流 乐于分享	操作规范 爱护设备	认真细心 操作规范	积极思考 踊跃表达
		倾听专注 遵守规则	遵守规则 善于倾听	倾听专注 遵守规则	遵守规则 善于倾听	遵守规则 静心倾听	专注学习 善于管理	及时记录 书写工整	遵守规则 仔细聆听	遵守规则 专注倾听	遵守规则 善于倾听	遵守规则 静心倾听
有个性		善于思考 想法独特	思维活跃 乐于合作	思维活跃 想法独特	表演到位 演唱动听	善于思考 勇于创新	积极体验 乐于交流	勤于思考 想法独特	善于观察 勤于思考	善于观察 乐于发现	善于思考 想法独特	有好奇心 喜欢探究
		发言积极 声音响亮	发言积极 表达清晰	发言积极 乐于合作	乐于思考 创编独特	善于合作 乐于分享	富有创意 敢于表现	善于观察 乐于发现	观点鲜明 简述规范	分享体验 想法独特	发言积极 声音响亮	善于合作 乐于分享

数学学科即时评价二级指标描述

年级	具 体 评 价 指 标			
	遵守规则 善于倾听	发言积极 表述清晰	思维活跃 乐于合作	书写规范 姿势端正
一年级	遵守课堂纪律，学会倾听，不插嘴	积极举手发言，声音响亮，语句完整	积极开动脑筋，能在教师引导下独立思考	学会正确的握笔姿势，保持"一拳一尺一寸"的读写姿势

101

续表

年级	具体评价指标			
	遵守规则 善于倾听	发言积极 表述清晰	思维活跃 乐于合作	书写规范 姿势端正
二年级	初步养成认真倾听的好习惯,能在倾听的基础上尝试独立思考	乐意发表自己的见解,声音响亮,尝试运用数学语言表达,表述清晰	独立思考有见解,想法合理,乐于挑战较复杂的数学问题	保持"一拳一尺一寸"的读写姿势,书写态度认真
三年级	善于倾听老师和同学的发言,能根据倾听到的信息形成自己的见解	能初步运用数学语言发表自己的见解,能提出不同的看法	乐于独立思考,对较复杂问题能合理猜想、推敲验证	自觉保持"一拳一尺一寸"的读写姿势,态度认真,格式规范,初步养成打草稿的好习惯
四年级	善于倾听老师和同学的发言,初步在倾听的基础上学会归纳总结	运用数学语言积极发表自己的见解,表述逻辑完整,乐意提出不同见解	善于寻找解决问题的方法,能多角度思考问题并能与同伴合作交流	自觉保持正确的读写姿势,版面规范整洁,有使用草稿本的好习惯
五年级	善于倾听老师和同学的发言,能举一反三,形成自己的见解	熟练运用数学语言表达自己的见解,表述逻辑清晰,善于归纳总结	善于独立解决较复杂问题,能一题多解且方法新颖独到,能主动与同伴分享数学思考	自觉保持正确的读写姿势,版面规范整洁,自觉并合理使用草稿本,能清晰适当地记录笔记

102

第四章 融合：撬动基础型课程教学的变革

行为规范板块分年级指标描述

年级	具体评价指标				
	认真两操动作到位	课间午间文明活动	自修时间自觉自律	礼仪用餐爱惜粮食	仪式集会专注倾听
一年级	听到音乐声起能立即开始做操，基本跟上节拍	上下楼梯靠右走，轻声慢语不喧哗	自修时，自觉地坐在座位上，不讲话	餐前洗手，饭碗摆放整齐，排队盛饭守秩序，餐后刷牙	能按时参加仪式集会，参加时衣着整洁有精神
二年级	能跟着节拍做操，动作基本正确	不在楼道里大声喧哗，不奔跑嬉笑打闹	自修时，能安静地看书做作业，不影响同学	排队盛饭守秩序，细嚼慢咽不说话，餐后认真刷牙	能按时参加仪式集会，参加时衣着整洁，认真倾听
三年级	动作正确，基本到位	课间活动不争抢，做安全有益的游戏	自修时，能独立、专心地看书或作业	盛饭时会谦让，用餐不偏食不挑食，餐后认真刷牙	能按时参加仪式集会，衣着整洁，认真倾听，言行规范
四年级	精神饱满，动作到位，基本做到手臂有力	课间活动安全有序，墙面游戏礼让低年级同学	自修时，能抓紧时间，认真完成作业或静心阅读	用餐又文明，爱惜粮食不浪费，餐后残渣倒入桶	能按时参加仪式集会，专注倾听、礼貌致谢
五年级	精神饱满，动作有力，有美感	合理安排课间时间，午间安静自修、文明活动	自修时，能根据自己的学习情况，合理安排学习任务、高效完成	用餐安静又文明，爱惜粮食不浪费，餐后残渣倒入桶、桌面整洁收拾净	能按时参加仪式集会、专注倾听，积极呼应、礼貌致谢

103

2. 创建了智能化即时评价系统

通过项目的研究与实施,我们构建了智能化即时评价系统软件(App),以及相关的应用性的配套工具。借助我们的评价系统软件(App)可以帮助家长及时了解孩子情况。学校可以通过分析学生的评价数据及时了解教育教学中的问题,并有针对性地采取干预措施。

学校管理层可以通过后台了解全校每个学生日常的积分情况及每位教师的评价情况,以便对师生教和学的情况进行相应的数据分析,并根据数据分析结果给予适当的引导和干预。一是能落实教育公平,助力面向全体学生。2018学年第二学期第一个月的数据表示,当时学校1 187名学生中有97名学生的积分低于20分。我们对这97名学生进行跟踪分析,发现他们普遍不是最后进的学生,而是比较安静内向容易被忽略的学生群体,数据引导教师特别关注这个学生群体,通过调整自身日常的教育教学行为,让面向全体学生落到实处,让每个学生都能享有公平的教育。二是能通过数据改变教师的育人理念和方式。评价数据还能用于教师教学行为的分析,比如数据会显示某位老师给出的积分集中在"守规则",说明这位老师对学生的要求偏向"守规则",数据有利于引导教师改变育人理念,同时关注给予学生个性发展的空间。三是评价数据有利于学生的自我评价。学校设有多个积分自助查询系统,学生可以随时刷卡实现积分查询。通过查询,学生可以看到自己获得积分的数量、原因,并通过雷达图了解"守规则"和"有个性"两方面获得积分的占比,积分不但具有激励的意义,还能引导学生自我评价和自我引导。

3. 创建了相应的评价实践模式

我们创造"点亮星"的评价实践模式以实现评价的实际操作,实现高效与快捷的即时性评价,以达成课堂教学及培养目标的落实。"点亮星"的评价实践模式是,将指标以星星的图案设计在页面上,系统通过学生持有的电子银行卡和教师的手持式终端,实现课堂教学过程中教师对学生实时刷卡积分的评价。

第四章 融合：撬动基础型课程教学的变革

"点亮星"刷卡积分评价

银行卡里的积分可以使用。在"蓬莱小镇"中，银行卡的每五个积分相当于一元小镇货币。学生持卡可以在"蓬莱小镇"银行兑换或存储小镇货币，也可以持卡在"蓬莱小镇"超市、书店、巴士等处直接"消费"。这张具有评价功能又兼有小社会流通意义的银行卡打通了课程之间的壁垒，在整个小社会流通，这也为学生创设了更为真实的小镇情境，让"小社会人"的角色在特定的"蓬莱小镇"情境中显得更为贴切和自然。居家线上学习期间，学校还搭建了"线上购物"系统，让银行卡的使用方式变得更为多元。银行卡的使用，某种意义上也是学生消费和理财方面的学习初体验。

积分兑换体验活动

学生积分获取和使用情况

（二）主要特色

1. 评价指标的校本性

评价指标基于学校的育人目标、理念与特色的创建，基于本校学生的发展状况与特点，从而可以实现评价的有效性，体现校本的特色。

2. 评价范围的全面性

评价范围从最初的课堂教学出发，经过实践研究的推进，逐步扩大到学校的各类课程所有学科以及各种教育活动之中，从范围上覆盖学生在校生活、学习的方方面面，面向关注学生德智体美劳的综合发展。

3. 评价工具的实用性

本项目以"软硬件并举、相互促进均衡发展；基础数据先行、应用软件跟上"为建设思路的主线，把"育人"作为目标，同时采用 App 模式，实现评价的及时性、客观性、可追溯性，让评价工作更具效率。将长期多人多次的主观评价量化聚合，人人参与其中，形成更为快捷、客观的科学评价，课上课下结合，从而较好实现了评价工具的实用性。

四、智能即时评价系统的实际效益和推广价值

(一) 实际效益

1. 即时评价刷卡积分的方式，激励学生并帮助学生认识与发现自己

通过问卷调查，几乎所有学生表示非常喜欢这样的评价方式，尤其是各学科积分统计累积，可以兑换各种奖励深得孩子的心。因为评价的指标围绕着学校的育人目标制定，所以努力做到"遵守规则又充分展示自己的个性"，争取获得更多积分成了孩子们每天的小目标。教师普遍反映，积分对学生很有吸引力，学生学习的状态明显提升。

学生的话：

这是第一张真正属于我的"银行卡"，今天从老师手中接过它，我兴奋不已！我小心翼翼地把它放进我的铅笔盒，生怕一转身它就不见了！积分卡时刻提醒我要认真努力，它增添了我学习的动力！我今天已经得了好几分了，真开心！我会好好爱惜它，我会继续努力，便利小超市你就等着我的大采购吧！（徐莞轩）

今天我一共得了6个"嘀"，分别因为我"发言积极""写字姿势端正"……我太开心了，我希望永远用这张卡！（李闻祺）

这张卡会记录下我们在课堂上的每一点滴进步，并且还会显示到爸爸妈妈的手机上呢！一天下来，我发现课堂上发言的同学多了不少，大家争着回答问题，上课更主动积极了！我想和这张卡成为朋友，让它一路伴我成长……（王吉人）

老师的话：

今天从走进教室，就感觉气氛明显不同往常。孩子们都坐得很挺拔，眼神也很专注。不少学生主动用不同的观点或创意的解答方式来回答问题，基础比较弱的学生也变得勇于表达自己的意见。整个课堂的学习气氛一下子变得活跃，有效的学习能贯穿整个课堂。（张颖莹）

我们使用了即时评价电子卡，很明显，全班孩子听课的专注度、发言的积极性都有所提高。原来发言声音很轻的小朋友现在也能大胆大声说了。一张电子卡，使得课堂发生了很大的变化。（王瑾）

评价指标里有一条关于读写姿势的，今天课堂上我第一次使用，表扬某位同学做到了"一拳一寸一尺"，姿势端正，书写认真，瞬间整个班级都坐挺了！再也不用老师不停地叮嘱了，效果立竿见影。（单方）

2. 积分点赞方式、大数据积累与运用，改善教师的育人理念和教育行为，有助于客观公正全面地评价学生

即时评价系统引导教师多发现学生的优点，用鼓励表扬的方式管理班级组织教学。例如，课堂作业时孩子们写字姿势不够端正，以往老师的做法可能是指出或批评，但是有了即时评价系统，更多老师选择表扬和积分，鼓励和带动全体孩子。

积分点赞方式、大数据积累与运用，一定程度发挥出改善教师的育人理念和教育行为，让教师教育理念与行为相统一，教师已经逐渐过渡到以鼓励激励为主的，以正面引导为方向的评价理念和原则。在教育教学中，教师应细致深入地观察、发现、积极激励孩子，关注每一个孩子，以即时的评价形成与孩子的互动，捕捉学生的闪光点，较好地将评价的实践价值直接落地。

相比之下，以往班主任老师期末写学生评语的时候，可能更多表达自己主观印象中的情况。有了即时评价系统，我们可以轻而易举地打开该生的数据，统计图可以帮助我们清晰地了解各学科教师对该生的评价及这个孩子的综合表现，成为教师客观评价每一个学生和开展教育科研活动的重要依据。累积的大数据也可用于对学生的跟踪和教育科研。

3. 为学校育人目标的落实、落细、落小探寻了科学路径

育人目标的落实往往难以评价。本项目的研究则是在以评价保障育人目标落实的基础上积极探索与尝试。本项目研究中，育人目标不仅有

课程作为载体,还有评价作为保障,通过智能即时评价系统的开发,我们在教育教学与学校培养目标之间建立了结合点,让学校育人目标的落实过程变得可视化、可测量。

(二) 推广价值

1. 提供了可供借鉴的学生发展性学科评价指标的设计思路

从育人目标出发,结合学科特点,行动中普遍教师参与的做法是我们的基本设计思路。这样既可以使评价扎实有用,又实现紧密结合当前强调核心素养、关键能力与必备品格、综合素质评价等理念。在此基础上研究开发的评价系统,实现了基于学生发展性学科评价指标的设计思路,可以对区域内小学提供一定的借鉴并具有推广的价值。

智能即时评价是一种多维度的评价方式,对学生而言,教师不断给出的实时评价,可以激发学生在基础型、拓展型、探究型课程中学习的积极性,鼓励强化学生遵守行为规范的自觉性;对教师而言,在随时随地针对学生的表现给予评价后,可以采集和梳理学生发展各方面资料,全面清晰记录学生成长历程,了解学生纵向与横向发展的真实状态,从而更全面地评价每个学生。同时,通过对采集数据的分析比较,找出学生发展的若干干预点,开展针对学生成长的发展指导与改进干预活动,这些都可以普及与推广。

本项目基本形成了各项学科与课程的评价指标,可以为区域学校提供借鉴。学校可以通过电子平台及时了解学生在校综合情况;还可以运用此平台,发挥家长对学生发展的导向、调控、激励作用,形成家校互动,学生反思改进相结合,从而有效构建多视角、多层面的学校、家庭、社会三位一体的教育平台。

2. 提供了科学便捷的评价工具

通过研究实践,我们提供了科学便捷的评价工具,包括学生使用的卡,教师评价用的手机、App 等,学校可以直接借助此平台,积累大量相关数据,在进行采集分析后,既可以为校内教育管理与服务效能评估提供服务与支持;也可以作为校内制定和调整教育思路、教育规划、教育投入,以及办人民满意的学校的重要依据。

3. 探索了实现校内公平而有质量教育的实践路径

大数据时代已经到来,学校可以借助该项目中的大数据观测到第一手的信息资料,精准地实现管理与疏导调控;可以深入分析学生的学习行为和教师的教育教学行为,实现教育质量的提升。同时,由于工具技术和评价观念的变革,一方面促使教师从根本上改变了教育教学行为,有效地将理念转化为实践,提升了教育品质;另一方面,通过数据反馈保障了教师对每一个学生的关注,确保了学生能公平地享受有质量的教育。

我校开发和构建课堂即时评价系统,实现了学生学习过程中的实时评价,记录了学生在课堂学习过程中的表现,为学生综合素质的评价提供数据上的支持。师生们在欣赏被欣赏、激励被激励的过程中,实现自我价值认同,真正享受学习的乐趣与意义。

第五章
支撑:"小镇"生态保障系统的构建

学校课程的发生、发展依存着学校这片特定的"土壤"。与此同时,在课程生长、变化的过程中产生的变革的动能,也不断地推动着学校管理、教师研训、教育科研、空间设计及家校共育等方面的协同改进,逐渐构建起"蓬莱小镇"特有的生态保障系统。

第一节 激发活力的管理创新

"蓬莱小镇"课程给学校的办学和发展注入了新的生命力,但同时也倒逼着冲击着原本的课程管理和学校管理模式的改革。在我校特色课程"蓬莱小镇"课程的编制、实施、评价的过程中,如何对课程进行领导和组织?如何保证课程研发和实施的质量?仅仅依靠监督和检查就够了吗?如何保持学校不断创新的活力与能力?……这些都是学校管理中在持续思考和探索的问题。

一、搭建"蓬莱小镇"课程管理体系,促进部门分工合作

大部分的学校组织是在校长的领导下,由校级领导、承上启下的中层领导者构成学校的管理网络,校内各职能部门有着特定的职能和工作边界,各个组成部分的功能之和就是学校组织所发挥的整体功能。为了确保"蓬莱小镇"课程计划的顺利实施,为了激发学校各部门在课

程建设中的创新活力与能力,学校构建了"蓬莱小镇"课程的管理体系(见下图)。

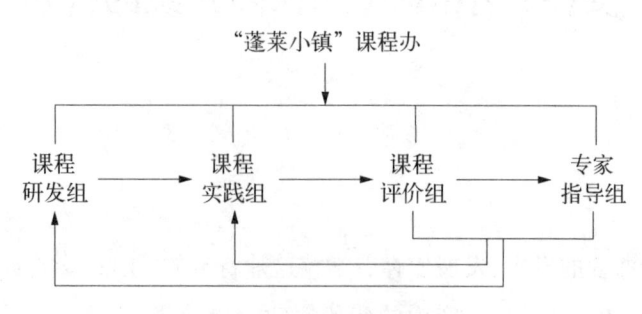

```
                    "蓬莱小镇"课程办
                          ↓
    ┌──────────┬──────────┬──────────┐
    课程         课程         课程         专家
    研发组       实践组       评价组       指导组
```

"蓬莱小镇"课程管理体系

学校设置了由校长领衔的课程领导小组,领导学校"蓬莱小镇"课程的发展工作,进行有关课程发展问题的决策,以促进课程的有效实施。

"蓬莱小镇"课程办成员由分管教学副校长、科研室主任、教导主任等人员组成,其主要职责是管理、监测、调控。管理,即制订课程计划、安排教学人员、统筹教学资源等。监测,即调研教学现状、开展教学评价、提出改进措施等。调控,即根据调研结果,依据学生需求,调整教学内容,调控教学进度,创新课程实施方式。

课程研发组是课程开发的智囊团,由校长直接兼任组长,他们不但负责整个课程的顶层设计,还会对每个子课程的研发做出规划和指导。课程实施组由副校长任组长,带领全体课程教师确定课程目标,搭建课程框架,开展课程实施及自我评价。课程实施组设有小镇课程家长志愿团及小镇工作委员会。小镇课程家长志愿团由校家委会负责人负责,给予课程资源专业的补充;小镇工作委员会由小镇长总负责,下属四个部门,分别负责课程的组织宣传、活动策划、活动组织和礼宾接待。课程评价组由科研室主任分管,从教师、学生、家长等方面对课程进行评价。小镇课程专家指导组则由学校外请专家会同课程评价组对课程实施情况予以评估,并把评估结果反馈给研发组或实施组。收到反馈信息的研发组或实施组将作为适当调整,进一步完善课程设计或实施。

小镇课程管理体系是课程得以顺利实施的重要保障,也是课程研发、实施、评价及不断改进和创新的管理链,确保了学生在小镇课程中对社会生活的体验、探究、创新,遇见未来、预见未来。

二、制定"蓬莱小镇"课程教学常规,加强课程教学管理

为了更好地保障"蓬莱小镇"课程的教学质量,完成"蓬莱小镇"课程的教育教学目标,我校从"备课研课""课堂教学"和"评价方式"三方面制定了"蓬莱小镇"课程教学常规。

(一)备课研课

1. 认真学习《上海市中小学拓展型课程指导纲要》和《上海市中小学研究型课程指南》,了解课程的性质、基本理念,掌握课程的特点和主要教学方式。

2. 根据每学期的总课时,合理安排好教学进度,规划课程内容。

3. 根据课程内容确定每节课的活动主题,制订教学方案。课前根据教学内容,准备好上课所需要的教具和服装。

4. 不定期开展分社区的课程教研组教研活动,通过集体备课研课分享课程教学智慧,提升课程设计、实施和评价的能力。

(二)课堂教学

1. 尊重学生差异。在课堂教学中尊重每个学生的成长经历和发展过程中存在的差异性,把学生身心全面发展和个性、潜能的开发作为重点,关注每一个学生的个性和特长、兴趣和爱好、需要和追求。

2. 创新学习方式。改变学生原有的学习方式,在教学过程中尽可能以学生的实践活动为主,提倡学生主动参与、乐于探究、勤于动手,培养收集信息和处理信息的能力、获取新知识的能力、分析和解决问题的能力,

以及交流与合作的能力。

3. 助推真实学习。创设真实的体验情境,以丰富多样的活动形式,赋予学生小小社会人的角色体验,激励、启迪、点拨、引导学生开展体验过程,鼓励他们在情境中自主发现问题,在合作互动中多视角看待问题,积极主动地以自由灵活方式,通过自己的思考判断问题、分析问题并解决问题,以培育学生未来社会人的核心素养,为后继学习和终身发展打好基础。

(三)评价方式

1. 在课堂中利用课堂"即时评价"系统从"遵守规则 静心倾听""不怕困难 踊跃参与""善于合作 乐于分享""善于思考 勇于创新"四个方面对学生进行过程性评价。

2. 在每次课程结束前利用课程评价表,带领学生从"语言表达""人际交往""空间想象""规则意识""创造能力"等方面对本次课程活动情况进行自评与互评。

三、优化"蓬莱小镇"课程实施条件,保障课程顺利实施

(一)场所设备保障

学校为"蓬莱小镇"课程的实施提供了场所、设备和经费等资源保障。学校通过网络管理平台——OA办公系统,将申领申购、换课调休、发布通知、专用教室申请、打印申请等日常管理流程信息化、科学化、制度化。教师可以通过OA办公系统申请购买"蓬莱小镇"课程中所需要的教具和学具、设施设备,以及其他学生活动所需材料等。学校每年底对下一年度"蓬莱小镇"课程所需经费制定预算,对课程发展给予一定的资金支持,充分保障"蓬莱小镇"课程发展所需要的资金投入。

(二)挖掘校外资源

随着"蓬莱小镇"课程的发展,我们尝试打破"蓬莱小镇"到真实社会

的距离，遵循"请进来、走出去"的方式，让学生与真实的社会亲密接触。我们还先后邀请沪剧表演艺术家马莉莉、联合国维和部队警官李勇、全国劳动模范49路售票员马卫星、全国劳模上海航空公司吴尔愉等各行各业专业人士来到"蓬莱小镇"课程担任客串讲师。2022年9月，"劳模工作室"落户学校，我们邀请部分全国劳模和上海市劳模定期来校指导课程建设，与学校一起探索劳动教育的规律，多渠道开展符合学生发展特点的劳动教育实践。与此同时，我们充分利用学校周边的社会资源，相继与近20家单位签约，让学生走出"蓬莱小镇"小社会，检验小社会里的收获和成长，更是通过在真实社会中发现和探究提升综合解决问题的能力。目前，以下单位受邀成为"蓬莱小镇"小镇民实习基地。

1. 黄浦公安消防支队复兴中队；
2. 上海和平眼科医院；
3. 中国工商银行中华路支行；
4. 上海市城市建设设计研究总院；
5. 黄浦公安分局老西门派出所；
6. 上海曙康口腔门诊部；
7. 上海电视台第一财经频道；
8. Dave's Custom Tailoring 成衣定制店；
9. 上海大富贵酒楼有限公司；
10. 中建八局总承包公司；
11. 华联吉买盛大兴街店；
12. 黄浦邮政思南路支行；
13. 上海文庙管理处；
14. 上海科技馆；
15. 上海自然博物馆；
16. 童年智造文化传播有限公司；
17. 北京国枫(上海)律师事务所。

四、建设"蓬莱小镇"课程质量保障体系,保障课程教学质量

为提高和保证"蓬莱小镇"课程教学质量,学校运用一定的系统、方法和策略,把课程开发、课程实施、课程检验等影响到课程质量的因素控制起来,形成了一个质量管理的有机整体(见下图)。

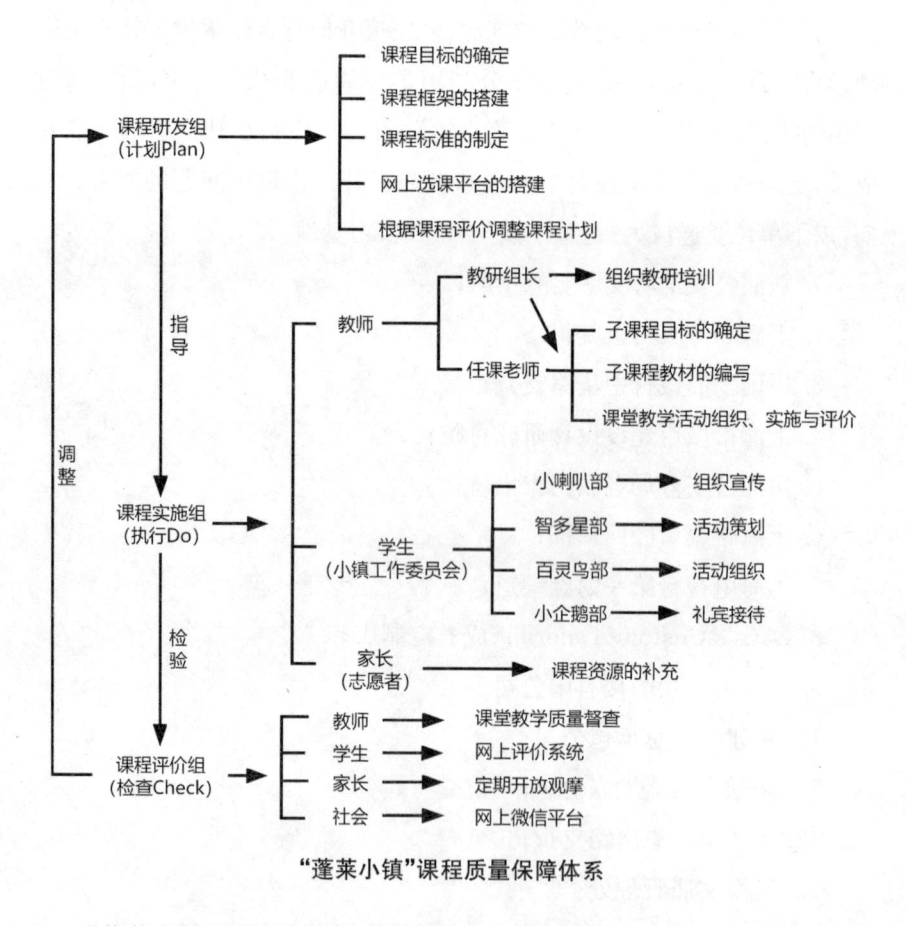

```
课程研发组(计划Plan)
    ├─ 课程目标的确定
    ├─ 课程框架的搭建
    ├─ 课程标准的制定
    ├─ 网上选课平台的搭建
    └─ 根据课程评价调整课程计划

课程实施组(执行Do)
    ├─ 教师
    │   ├─ 教研组长 → 组织教研培训
    │   └─ 任课老师 → 子课程目标的确定
    │                 子课程教材的编写
    │                 课堂教学活动组织、实施与评价
    ├─ 学生(小镇工作委员会)
    │   ├─ 小喇叭部 → 组织宣传
    │   ├─ 智多星部 → 活动策划
    │   ├─ 百灵鸟部 → 活动组织
    │   └─ 小企鹅部 → 礼宾接待
    └─ 家长(志愿者) → 课程资源的补充

课程评价组(检查Check)
    ├─ 教师 → 课堂教学质量督查
    ├─ 学生 → 网上评价系统
    ├─ 家长 → 定期开放观摩
    └─ 社会 → 网上微信平台
```

"蓬莱小镇"课程质量保障体系

"蓬莱小镇"课程质量保障体系,分为"课程研发组""课程实施组"和"课程评价组"。课程研发组的主要任务是计划,指导课程的实施;课程实施组的主要任务是执行,负责课程计划的落地;课程评价组的主要任务是检查,检验课程的实施是否按计划执行,课程评价的结果直接为课程研发

提供调整的意见。

课程研发组要负责课程目标的确定、框架的搭建、标准的制定、网上选课平台的构建，以及根据课程评价调整课程计划等。

课程实施组包括教师、学生和家长三类成员。教师主要的任务是子课题目标的确定、教材的编写和课堂教学活动的组织、实施和评价。其中教研组长还承担组织教研培训的任务；学生中民主选举产生一个自我管理的组织，即小镇工作委员会，并成立镇长办公室，下属四个部门分别负责课程的组织宣传、活动策划、活动组织和礼宾接待；家长志愿者的主要任务是课程观察与评价、课程资源专业补充等。

课程评价采用多元主体评价：教师负责课堂教学质量的督查；学生要通过网络平台评价课程与教师；家长则在定期开放观摩活动中完成评价问卷。同时，学校也通过微信公众平台征求社会的意见和建议。

每学期学校还会聘请专家对学校课程发展提供全面的技术支持。课程领导小组定期会议，做好课程发展的系列工作。

五、加强"蓬莱小镇"课程绩效管理，激发教师教学活力

"蓬莱小镇"课程现有48门，共有96位教师执教。学校不但重视对"蓬莱小镇"课程的投入，还将课程教学承担情况和教学质量纳入绩效。每周"蓬莱小镇"课程计入教师的工作量，还在绩效工资方案中设立"蓬莱小镇"课程实施专项奖。每个学期末将对上课执教教师进行考评，对其中一部分积极参与课程开发、不断创新实践、取得显著教学成绩的教师给予相应的绩效奖励。

第二节 助力成长的教师研修

教师是学校办学质量得以保证的主要力量。近年来，学校教师结构

不断优化,截至 2022 年 12 月,学校共有教职工 119 人,平均年龄 36.29 岁。教师本科及以上学历 117 人,占全校教职工人数的 98.3%。全校教职工中党员 44 人,占全校教职工的 36.99%。随着"蓬莱小镇"10 年的发展,蓬莱路二小教师团队与课程共成长。学校现有上海市特级校长 1 人,正高级教师 1 人,中学高级教师 13 人,小学高级教师 51 人;黄浦区学科带头人 2 名,区学科骨干教师 14 名。整体教师队伍年轻化、高学历化,这是一支充满工作热情和活力,乐于创新和挑战的优秀教师团队。学校始终着眼于青年教师未来的发展,合理配置各岗位教职员工,注重师德师风建设,通过教研活动的设计与实施、校本化培训等系列措施提升教师的专业发展。

一、信仰领航:思想政治工作促成长

学校加强党支部建设,以"党团队一体化建设"为党建品牌,充分发挥党支部战斗堡垒作用和党员的先锋模范作用。学校定期组织党员和群众进行政治学习,宣传贯彻党的教育方针和政策,引导教师从立德树人的高度看待"蓬莱小镇"课程建设和实施的意义;加强对全体教师的思想教育,明确理想信念,增强教书育人的责任心和使命感。学校重视师德师风建设,在小社会情境中创造性推进"好朋友老师"为主题的全员导师工作,以"大镇民"和"小镇民"之间的关系来定位师生间"良师益友"的新型关系。同时,学校每年在全校家长范围内开展师德师风问卷调研,并将问卷结果对全校教师进行反馈和分析。学校将思想政治工作列入对教师的各项工作考核之中,避免考核中只看工作实绩而忽视思想政治表现,只重形式而轻内容的倾向与做法,保证思想政治考核在对教师整体工作考核中的重要地位和作用。通过多项举措,培养造就一支师德高尚、业务精湛、结构合理、充满活力的高素质专业化教师队伍。

二、师生相长:大小镇民共成长

近年来,我们开始尝试在小社会情境中建立和定位更为和谐的师生关系。在"蓬莱小镇"这个小社会里，师生关系以外还有一层镇民间的关系，因为师生都是这个小镇的镇民。"大镇民"和"小镇民"之间的关系是平等、互助、合作的伙伴关系。这层关系引导教师站在儿童视角看待教育。

将教师的师德教育与学生的行规教育同步开展是比较行之有效的做法。2014学年第一学期，我们把小镇民行规教育的主题确定为"我们轻轻地……"，引导学生在公众场合不大声喧哗，不影响别人。为此，我们在校园里多处安装了分贝仪，提醒学生"蓬莱小镇"就是公众场所，组织学生用绘本制作、情境表演等方式自我教育和互相提醒。同时学校也对教师（大镇民）提出同样的要求，要求学生做到的，教师首先应该做到。围绕"在什么情况下教师也应该轻轻的"这个话题，学校组织教师展开大讨论。老师们觉得"轻轻的"表现的是一种修养和态度，从声音的"轻"和动作的"轻"表现出教师个人为人师表的素养及不打扰别人的修养。例如，与犯了错误的学生谈话时应该避开其他学生轻声对话，而不能大声训斥；给学生发本子和试卷时不能随手丢在桌子上，应做到态度友善动作轻；上课时间，空课教师在走廊里小声对话不影响教室里的学生听课等。为期一个学年的教师行规教育成效明显，教师对话学生和家长的态度有明显改进，几乎听不到教师对学生的厉声批评。与学生行规教育同步开展的还有"我们会管理""我们微微笑"等主题的师德教育，微笑平等对待学生，自我管理好工作、时间和情绪等教育，进一步引导教师注重为人师表，进一步优化并促进师生关系的和谐。在近几次上海市"绿色指标"测评中，我校的"师生关系"指标遥遥领先市、区平均值，这也印证了此举的有效性。

三、制度保障：三个台阶促成长

（一）促进业务能力成长的三级带教

一个新教师进入蓬二的前三年，我们称之为适应期。他们要在这个阶段学习适应自己角色的变化，学习适应新的学与教的环境，这个阶段我们为每一个新老师都配备了两名带教老师，分别为学科带教和班主任带教,在他们为人师的第一个教师节庆祝活动中举行正式的师徒结对仪式,带教老师要履行自己的职责,指导备课教研,互相听课评课。经过4—10年的教学成长期,目标是成长为一名骨干教师。在这个过程中,学校安排或聘请本校或外校的区级学科带头人或骨干教师对部分教师进行带教,带教的同时,这些逐渐成长起来的青年教师也开始尝试指导实习生和带教青年教师。这个过程对每个教师自身的成长都很重要,因为在带教更年轻的教师的同时,也是自我成长的重要过程。在这个过程中,教育教学能力日渐成熟的教师有了新的发展目标,即成长为特色型教师,学校会为这样的教师聘请市级名师带教。目前共有26名教师与外校特级教师、教研员或优秀教师签署带教协议,同时他们中部分教师也承担带教更年轻的教师、实习生的工作,在带教与被带教的过程中教学相长。

(二) 促进管理能力成长的三个台阶

在关注教师专业成长的同时,我们也特别关注教师管理能力的提升。在"蓬莱小镇"课程实践的过程中,引导教师课程领导力的自我锻炼,并通过"值勤校长""项目负责人""轮岗"三个台阶建立后备干部的梯队,发展教师的综合能力。

值勤校长制度创建于1995年,至今已坚持27年。"值勤校长"由全体教师民主推荐产生,每周一名轮值体验一周"校长"工作。一周内,他们要负责全校升旗仪式一次讲话、全教会一次一周工作小结、参加一次校务会议、听一节课并为教师评课、为学校发展提一个意见或建议等七项工作。"值勤校长"每两年换届一次,这个群体的教师每年进行多次沙龙活动共同促进成长。值勤校长制度使这一批优秀的中青年教师有机会从教室、办公室走向校园,从一个班的视野扩大到全校,有机会接触学校的管理,从一个新的视角看待自己的工作,了解学校的整体情况,也为学校后备干部培养储备了新生力量。

2014年,教代表会议讨论通过产生"轮岗"制。"轮岗"的岗位在学校中层,每学年会设置 2—4 个不同的岗位及相关轮岗要求,其中曾有"值勤校长"经历为必需条件。教师可以结合个人意愿和相关要求自荐。支委会根据自荐情况讨论决定每学年轮岗教师名单。轮岗期为一年,轮岗期间不减少其他工作量,轮岗教师通过管理岗位的挂职锻炼开阔视野、积累经验,也在管理岗位上学习换位思考,收获全局思维。轮岗期满,轮岗教师要面向全校教师述职,汇报一年的工作和成长。

2016 年开启"项目负责人"制度,"项目负责人"负责"蓬莱小镇"元素融入基础型课程项目在语数外学科的实施,一般语数外学科各一名并成立"项目负责人"办公室。制度规定项目负责人可适当减少教学工作量,他们主要的任务是引领示范,以提升全体教师的教学水平。每周要完成一节公开课、听评课和参与教研组活动等任务。学校形成完整的项目负责人制度,保障项目负责人自身发展和引领作用的充分发挥。

这三个台阶体现学校教师后备干部梯队建设的思考,也是学校中层干部选拔任用的机制中重要的一部分,不少优秀的教师在这些平台上成长为教育教学中坚力量和学校管理人才。

四、研训跟进:做实专业引领促成长

"蓬莱小镇"拓展型课程从最初的创意、起步、实践、反思、调整,到今天的初具规模,一直是以教学研究、探索为支撑。学校重视"蓬莱小镇"拓展型课程的教研活动,为每周两节的拓展型课程的教学做好充分的准备。在教学研究过程中,我们一直坚持以学生发展为本,以学生的现场学习经验、体验为基本坐标,培养学生直观经验的学习、积极建立结合学生个体经验的学习积累,将拓展型课程的价值体现得正确、有效。学校的拓展型课程教研活动采取个性化、灵活性的做法:一种是所任教相同科目的教师自由结对,针对教学中的问题及时交流,保证教学良性发展;一种是对于大的课程体系的研讨,由学校组织,按照教学计划、进度,结合课程目标、培养要求等,进行阶段性研讨。教师的教研活动还会将交流总结出来的问题或者经验，提炼成为研究的课题，进行规范的教育科学研究，更加科学系统地整理教学一线积累的经验，在纷纭复杂的教学问题困惑中提炼出有用的教学方法。

学校重视专业引领，经常聘请教育专家来校为教师做讲座、报告。通过"课程创造学习风景""教师课程开发的技术与实例""项目化学习""建构游戏中的学习与发展"等系列专题辅导报告，为"蓬莱小镇"课程的实施带来了新的发展动力。课程是学生学习的经历，也是师生共同的创设过程。专家报告给教师带来课程理论的启迪，加深对课程价值追求的追问及对拓展型课程的认识和理解；让教师意识到校本拓展课程的设计与实施是如何突破原有的教学方式，尝试新的学习方式，让教与学发挥学的能量，使学习方式多样化，促使学生综合素养提高的过程，老师们深刻感到学习方式的改变对学生发展的意义所在；也促使教师从教学实例中了解如何将课程内容与学习方式紧密结合，运用多样化的学习方式和策略，让每一个学生在课程中激发学习动机，培养学生复杂问题解决能力及合作与沟通等社会性技能，形成可迁移的能力，学会学习、学习创造、体验创造，发展个性。

五、实践研究：教育科研历练促成长

"蓬莱小镇"课程从酝酿创建至今，实践与研究相伴前行。实践研究是助推教师专业成长的重要路径。学校通过教育科研项目任务驱动带领教师积极主动发展，我们将学校的"蓬莱小镇"校本拓展课程的建设与实施项目打造成为引领学校整体发展的课题研究项目。由该课题研究又延伸到各学科不同课程领域，激发学校教师积极参与，形成了丰富多彩的子课题、小课题。"'蓬莱小镇'情境下个性化学习支持系统的创建与运行""基于'蓬莱小镇'课程培养未来社会人的实践研究""整合'蓬莱小镇'课程资源，优化数学课堂教学的实践研究""基于'蓬莱小镇'课程的小学生创意作文教学实践研究"等36项课题被立项为市级或区级科研项目。教育科研强化了教师的问题意识,促进教师在教育教学实践中不断反思、转变观念,并把相关理念落实在日常的教育教学行为中;同时,很多课题研究并非教师单打独斗就能完成,教育科研还提高了教师团队合作的能力,激发出众多教师蕴藏着的巨大潜能和创造性。学校教育教学研究成为教师专业发展的历练场,持续助推教师的专业成长,进而推动学校的综合发展。

第三节 引领变革的教育科研

2013年4月,"蓬莱小镇"课程在酝酿中诞生,至今已走过10年的欢乐历程。小镇课程,从最初单一的校本拓展型课程的研究,逐渐延伸到学校发展的各个领域,影响着学校的综合发展。如何让小镇课程的元素走进基础型课程教学的课堂?如何在小镇背景下开展有意思的德育活动?如何基于小镇课程创设生活化的校园环境?如何整合小镇课程元素改变综合性评价的方式?如何开展基于小镇课程的教育科学研究?如何通过小镇课程的实践与研究提升教师对课程的领导力,促进教师的综合发展?……实践与研究同行,推动和促进学校的综合发展。

一、教师聚力攻关,打造具有小镇特色的群体科研局面

在"蓬莱小镇"实践中,我们将学校的"蓬莱小镇"校本拓展课程的建设与实施项目打造成为引领学校整体发展的课题研究项目,该课题成功立项上海市提升中小学(幼儿园)课程领导力行动研究项目,上海市教育科研项目、区级科研项目。"蓬莱小镇"课程这一龙头课题的研究,延伸到各学科不同课程领域的研究。学校通过教育科研项目任务驱动,带领教师积极主动发展,开发出众多的个性化的课程,形成了多维度的子课题、小课题,形成了群体科研的可喜局面。学校老师聚力攻关,取得了良好的成效。

2013年至今,学校共立项市级科研课题或项目24项、区级科研课题

58项;这些年里,我校共有57项市区级科研课题或项目完成结题;100余人次获市区级论文或案例评比等第奖;80余人次论文或案例在各级各类杂志上发表;5项市级科研课题或项目获得教科研成果鉴定"优秀";29项科研项目获得市、区级教科研成果等第奖;2人获"黄浦区教科研先进个人"称号,1人获"上海市优秀教育科研员"称号;出版《有一个叫"蓬莱小镇"的地方》《学生喜欢的作业》两本研究成果集;学校连续两次荣获"黄浦区教科研先进集体"。

"蓬莱小镇"课程项目的研究促进了学校科研制度的完善和保障机制的建立,营造了科研氛围,优化了研究环境。项目研究让教师具有了更多整体性的思维方式,学会了以培养孩子未来社会人核心素养为出发点去思考问题,学会了将各种教育活动、教育方式、教育手段有机整合,形成教育合力。"蓬莱小镇"课程让我们的教师提升教育理念,提高研究能力,同时也让学校得以长足的发展,形成品牌和影响力。

基于"蓬莱小镇"的市级科研课题或项目

编号	负责人	课 题 名 称	课题类别	完成情况
1	余祯	"蓬莱小镇"特色课程模式构建与实践完善研究	市提升课程领导力项目	结题
2	赵英	整合"蓬莱小镇"课程资源,优化数学课堂教学的实践研究	市提升课程领导力项目	结题
3	余祯	"蓬莱小镇"特色课程建设的研究与实践	市教育科学研究项目	结题
4	赵英	整合"蓬莱小镇"课程资源,优化数学课堂教学的实践研究	市教育科学研究项目	结题
5	单方	基于"蓬莱小镇"课程培养未来社会人的实践研究	市教育科学研究项目	在研
6	刘佳怡	在蓬莱小镇管理委员会建设中培养少先队干部职能的实践研究	市青年教师课题	结题

续 表

编号	负责人	课 题 名 称	课题类别	完成情况
7	刘佳怡	在蓬莱小镇情境中培养智慧型少先队干部的实践研究	市少先队课题	结题
8	余 祯	智能即时评价系统的开发与实践	市"绿标"项目	结题
9	余 祯	融入"蓬莱小镇"元素的基础型课程教学方式变革的实践研究	市提升课程领导力项目	结题
10	朱明英	蓬莱小镇校本课程对促进学生参与家务劳动的实践研究	市家庭教育规划课题	结题
11	鲍明洁	在劳动教育中培养高年级小学生创新能力的实践研究	市德尚规划课题	结题
12	李秋韵	基于低年级主题式综合活动培养儿童语言表达能力的实践研究	市青年教师专业发展实践研究项目	结题
13	余 祯	"蓬莱小镇"情境下个性化学习支持系统的创建与运行	市教育科学研究项目	在研
14	余 祯	《蓬莱小镇 牙病防治所》口腔健康课程设计与实践研究	市健康教育项目	在研

基于"蓬莱小镇"的区级科研课题

编号	负责人	课 题 名 称	课题类别	完成情况
1	周琪敏	基于"蓬莱小镇"课程的小学生创意作文教学实践研究	区重点	结题
2	余 祯	"蓬莱小镇"校本拓展课程的开发与实践	区一般	结题
3	陈日红	四年级儿童英语音乐剧的实践与研究	区一般	结题
4	赵 英	整合"蓬莱小镇"课程资源,优化数学课堂教学的实践研究	区一般	结题

续　表

编号	负责人	课 题 名 称	课题类别	完成情况
5	李　琦	基于"蓬莱小镇"校本课程引导三年级学生自我认同的实践研究	区一般	结题
6	唐海闻	Phoebe Time英语拓展课程的开发与实践研究	区一般	结题
7	陈　怡	基于3D打印的小学创客教育课程的开发与研究	区一般	结题
8	王　瑾	"蓬莱小镇"之沪语小学堂特色课程开发与实施研究	区一般	结题
9	冯　欣	基于小镇课程促进中低年级学生自主阅读的实践研究	区青年教师	结题
10	胡佳佳	基于"蓬莱小镇"课程的小学生高年级体验式作文教学研究	区青年教师	结题
11	顾培艳	小学低年级环保科学实践活动的设计与实施研究——以"垃圾分类"为例	区青年教师	结题
12	余　祯	基于"魔法小书店"创建个性化学习支持系统的研究	区重点	结题
13	姜贝妮	立足蓬莱小镇开展儿童生涯启蒙教育的行动研究	区青年教师	结题
14	李佳琳	"蓬莱小镇"场馆美术资源开发与美术课程整合实践研究	区规划	结题
15	刘佳怡	"蓬莱小镇"情境下的小学劳动教育实践与研究	区重点	在研
16	邵　斌	"蓬莱小镇体育公园"的创建与实践研究	区一般	在研
17	刘佳怡	基于思政课程的党团队协同育人行动研究	区思政课题	在研

续 表

编号	负责人	课 题 名 称	课题类别	完成情况
18	陶晓燕	情境教学在小学中年级道德与法治课程中的运用与研究	区思政课题	在研
19	李秋韵	基于低年级主题综合活动培养儿童语言表达能力的实践研究	区青年教师	结题
20	王乐云	小学沉浸式英语戏剧《海上奇遇记》的开发与实施研究	区青年教师	结题
21	张明珠	整合"蓬莱小镇"课程资源提升三年级学生计算能力的实践研究	区青年教师	结题
22	李璐	基于"TIA情报局"课程开展跨界学习的实践研究	区青年教师	结题

二、聚焦学习研究,用"小镇"理念改变师生的教与学

"蓬莱小镇"课程重在营造一种平等、和谐、积极、有感染力与亲和力的学习情境与育人环境。学生在这里自主学习、自由钻研、自主发展,得到无痕浸润。如何将"蓬莱小镇"的课程理念更好地融入师生的共同生活场景中?

(一) 观察学习,基于现象的直接经验形成与积累[1]

1. 作为重要学习方法的观察学习

观察学习,是"蓬莱小镇"课程中的一个重要的学习方法与途径。在"蓬莱小镇"的学习中,教师先指导学生观察学习的方法,然后引导学生学会养成观察学习的习惯和能力,将观察学习作为"蓬莱小镇"课程中的重要学习方法。学生在观察学习中获益匪浅,实现了直接经验的形成与积

---

[1] 作者:王瑾,发表于2018年5月《上海教育科研》。

累。观察学习能够丰富学生的阅历,让孩子们拥有更多的社会性体验,打下课堂间接学习的扎实基础。

【教师记事本】

　　"彩泥俱乐部"是"蓬莱小镇"第一社区里的一门课程,在此课程中,教师引导学生掌握一定的观察方法。教学中,老师利用生动的媒体展示了各种蔬果,通过描述蔬果的色、香、味等特点,让小镇民(学生)们仔细观看、细心体察、联系生活,形成自己的对事物的认知。在教师引导观察学习中,学生进行个性化的动手实践并自由交流各自的认识,课堂变得绚丽灵动,充满生趣。小镇民(学生)们在观察学习中先进行巧手制作活动,依据观察学习用彩泥DIY自己制作心仪的"蔬果",伴随着课程的推进,课堂内迎来了一个又一个高潮。学生进行分层表达训练,结合句式进行练习,小镇民们和"蔬果"做朋友,首先围绕"我做的是＿＿＿＿＿＿,＿＿＿＿＿＿是＿＿＿＿＿＿,＿＿＿＿＿＿是(怎么样的)"这一基本句式把话说完整、说清楚。然后再扮演自己制作的蔬果,围绕"你好,我是＿＿＿＿,我可＿＿＿＿啦!我要和你做朋友"的句式,完成现场练习,把话说生动、说具体。有的小同学手拿色彩鲜艳的彩泥,声情并茂地说:"我做的是香蕉,它是有营养的水果,它是黄澄澄的。"在这里,无论是个别发言、同桌交流,还是小组扮演,小镇民们个个兴致昂扬,因为里面包含了他们亲自DIY彩泥作品时的体验,也包含了他们对于自己作品的爱意情感。

　　2. 直接经验的形成与积累

　　人的认识从根本上说都起源于直接经验,实践是认识的基础来源。在"蓬莱小镇"课程实施学习中,学生(小镇民)的学习是在模拟的小社会中进行各种职业角色体验,以习得宝贵的直接经验,建立对事物的基本认知。通过个体的亲身实践形成对学习的最初认知,为课堂学习建立根基,为他们拥有将来走向社会所需的各种能力打下良好的基础。

【教师记事本】

  "蓬莱小镇"第一社区的"星星邮电局"课程,学生成为"小邮递员",负责分拣、分发学校的信件和报纸,在小小邮递员工作的过程中学习认字读词,把常用的口信与抽象的字词对应起来,在头脑中建立起最紧密的内在逻辑联系,形成意义学习。同时,学生还学习了遵循小社会的规则,比如轻轻敲门、礼貌对话,潜移默化地促进学生养成懂礼仪,遵守规则的意识和行为习惯。

  关注学生经验的获得及基于体验的学习与认知的形成,是我们教学的一个重要追求,初步建立知识学习、品性培养及行为习惯的联系。

【教师记事本】

  第二社区的"红星警察局"课程吸引了对警察这个职业有好奇心的学生,课程使学生通过"红星警察局"实现一种"职业角色"的体验:我们是一名小镇警察,守护一个小镇,扬善惩恶。通过设置各种情境,学生在情境中进入角色体验。进入角色后学生将面对许多挑战,有耗费体能的障碍穿越,有考验头脑的谜题破解,也有既需要观察力,又锻炼胆量的巡逻任务。

3. 个性化关注与系统性协调

  直接经验的学习、经验的形成与积累是极具个性化的。每个孩子都会源于自己的视角,基于自己的个性特点观察事物、形成经验,因此必然涉及个性化教学的问题。

  在个性化教学中,教师要尊重和关注学生的个性差异,根据每个学生的个性、兴趣、特长、需求进行施教,即学生需求什么,教师便授予什么,让学生有更多独立思考与实践的学习机会,充分发挥学生学习的自主性。"蓬莱小镇"48门拓展型课程都力争最大限度满足学生个性化发展的需求。学生边学边做或边做边学,学中做、做中学,注重实效和运用,注重个人兴趣、目标和真实生活体验和感受。

在尊重学生个性的基础上,关注学生的系统性发展并进行积极协调,注重课程教学的系统性设计,让"蓬莱小镇"的文化能够有效地浸润每个孩子,让他们都得到良好发展。

【教师记事本】

在"蓬莱小镇"第三社区的"便利小超市"课程,有的学生可能热衷于商品摆放方法的研究,有的学生可能对商品的定价规则感兴趣,有的学生可能更关注收银机如何工作……每个孩子的体验、感悟和关注点都不尽相同。学生在这个课程中可以尽情表达并验证自己的观点。教师要留心发现孩子的个性特点,给每个孩子提供适合他们自己的"套餐"。

(二)发现问题,学习中感性到理性的转变与升华

1. 发现式学习方法与运用

发现式学习是学生独立学习、独立思考,自己发现问题,自己解决问题并得出结论的一种学习方法。在"蓬莱小镇"课程实施中,我们基于直接经验的积累与培养,运用发现式学习的方法,采用让学生探索、研究、讨论与辩论的开放教学方式,积极创建学生的直接学习体验,最大限度地发挥学生学习的积极性、主动性,培养他们的探索与创新精神。

【教师记事本】

创意的编发就像一把钥匙,开启了智慧的大门,"小镇美发厅"课程的小美发师将已学知识与技能和自己的兴趣爱好相结合,打造出独一无二的美,体验创意所带来的无限乐趣。小镇爱动脑的美发师们自发探寻更

有效的练习方式,美发师们共同合作,打破班级界限,一人担任火车头,其余一人一节火车,在这列"小火车"中既做美发师,又做发型模特,美发师们称之为"编发小火车"。一列又一列的"编发小火车",是学生发现新问题、解决新问题、创造新事物的平台,也是新的练习方式促进学生思维方式发展的过程。

2. 感性学习中的发现与体验

教师在积极创建学生的直接学习体验的过程中,首先应关注学生在学习过程中的感性认知,让学生由感性学习中开始,以触动和感受的方法来学习,让直接作用于感观的认识带领学生走进学习的情境,带来心灵的感受与回应,进而实现学习的发现与体验的获得。

【教师记事本】

第四社区"正义小法庭"的全体小法官"出差"前往上海市第二中级人民法院参观学习。他们来到了刑事庭、民事庭和少年庭。第一次能如此近距离地来到法庭,大家兴致盎然,除了"好奇",更重要的是感受了"庄严"。这边几个孩子坐上了"审判长"的位置,那边几个孩子已经分别坐在"控诉人"和"被控诉人"的位置上,好像一场庭审即将开始。最后,大小法官围坐在一起召开交流分享会,无论是大法官对"宪法日"的介绍,还是叙述法律的含义和作用,小法官都能自信地表达自己的认识和看法。在最接近真实的学习环境中,学生感性认知中孕育了理性的内核,幼小的心灵埋下了理想的种子。

3. 发现学习中的理性转变

"蓬莱小镇"课程着眼于学生的创新意识与实践能力的培养。小镇课程设计的理念是采取以任务挑战或问题解决为线索的方式进行学习,即学生先体验再操作,在活动中发现问题并尝试解决,这样的学习方式深受学生的喜欢,他们在小镇课程中兴趣盎然、乐于思考也乐于实践。那么,这样的学习方式是否可以迁移到基础型课程,从而提高基础型课程课堂教学的效率、发展学生的思维能力、培养学生的创新意识呢?

【教师记事本】

在三年级《正方形、长方形的面积》一课的教学设计中,教师不是按以往直接告诉学生长方形的面积就是"长乘以宽"的方法来教学,而是结合计算"蓬莱小镇""天文气象台"的名片、"书香故事屋"的藏书票和"建筑设计院"的房屋面积三个内容设计了三个层面的探究任务,让学生通过动手操作、发现问题、比较研究、解决问题等体验式的活动,自己推导出长方形和正方形面积的计算公式。关注过程与方法的教学方式注重直接经验学习的获得,在发现学习中促进理性思维的发展,给学生带来全新的课堂体验。

《统计初步的复习应用》一课,小镇民参与小超市购物和小算盘银行。学生通过深入各班调研,经历了收集数据、整理数据的过程,并从中发现且解决问题。统计图的复习与应用,为小超市备货与进货提供了相应的对策。在探究如何做到存款收益最大化中,学生体验到了不同的理财方式,使统计有了贴合生活的应用。利用小镇元素为学生提供解决问题的平台,运用数学知识解决了小镇运作中遇到的问题,让学生的能力得到了充分的提升。

(三)知识建构,学习中知识的获得与认知培养

1. 具象到抽象的学习过程

抽象的知识内容单调枯燥、令人费解,而形象、直观的知识内容则能清晰地印在脑海里。但是,学习是一个从具象到抽象的过程,学习必须实现理性的、抽象的目标。我们在孩子的大脑填充了大量的"原始资料",但这没有完成教学的任务,需要达到让孩子们积累大量的具象概念,最后形成抽象概念,实现最终的学习目的。

在这个艰难的过程中,"蓬莱小镇"拓展型课程在实施中把抽象的知识与生动具体的学习方式结合起来,有效地帮助学生从基于直接经验的、直观形象思维的学习过渡到抽象思维的认知建构,并且使学生的认知能力获得培养与提高。

【教师记事本】

第五社区的"魔方体验店"课程主要是引导孩子通过观察、分析、旋转,将三阶魔方还原。课堂上,老师组织孩子们进行竞速比赛,比赛目标是将魔方的其中两层还原。比赛开始不到 2 分钟,就有 4 个同学不仅快速完成了竞速目标,而且还将魔方的三层全部还原。过了一周,学生们在课堂上的自主练习中研究四阶魔方:四阶魔方由于没有中心块,需要将每个面中间的四个色块变成同一颜色,操作者要根据色块之间的位置关系灵活调整,没有公式可循。他们观察、旋转、反思、打乱魔方,再观察、旋转、反思……在一遍遍的练习、一遍遍的摸索中,学生熟练了四阶魔方、五阶魔方……校园里涌现了许多魔方小达人,这些孩子身上发展出一个共同特点:自己爱琢磨,永不服输。

2. 知识学习到认知建构

在建构主义者看来,"学习是一个自我组织的过程""知识从来不是被动获得的",知识不是通过教师传授得到,而是学习者在一定的情境中,利用必要的学习资料,通过意义建构的方式而获得。"蓬莱小镇"课程就是通过角色扮演的真实情境,通过生生间的合作、探究,独立完成工作任务,从而丰富学生体验,激发了学习内驱力。

【教师记事本】

"蓬莱小镇"自由社区的"超能维修站",在四脚朝天、七零八落的桌椅中露出一个个小小维修工的脑袋,他们或蹲或趴或跪或坐,在横七竖八的课桌椅之间,螺丝刀、小铁片、螺丝在手指间交替。我们的课程更注重学生在学习过程中拥有怎样的体验,收获怎样的发现,萌生了什么创意,克服了哪些困难。孩子们在从零碎到整体的认识物体过程中,经历了头脑中的系统建构,运用想象、构图等形成自己的作品。

3. 学习能力的获得与锻炼

对于小学生来讲,学习能力是学习的方法与技巧的基础。拥有好的学习能力,将拥有了授人以渔的"渔"。"蓬莱小镇"课程的设置,为学生(小镇民)学习能力的获得搭建了平台,学生在各类课程的情景体验中,多种学习能力得到有效锻炼与发展。

【教师记事本】

在"魔法小书店"这个具有魔力的书店里,你将变身为书店小店员,为大家开心读书、买书提供各式各样的服务;闲暇之余,你还可以一边品尝美味的饮品,一边享受读书的快乐,惬意地度过一个美妙而恬静的午后;你还能拿起手中的"魔法画笔",成为一名小作家,插上想象的翅膀,画出一个个精彩而有趣的故事。如果你愿意,你的书还能够出版,假如你的书足够有趣、受到大家的喜爱,你甚至可以举办新书签售会和书迷见面会,成为小镇的明星小作家,与大家一起分享写书、出书、读书的乐趣。"魔法小书店"是专门为有梦想爱写作的小镇民出版并"销售"系列丛书的地方,每年都有小镇民通过"魔法小书店"出版自己的书,并且召开新书发布会和举行小作家签售仪式。这些身边小伙伴写的"书",又鼓励了很多有梦想的孩子纷纷拿起笔写下自己的故事。

"蓬莱小镇"出版的第一本手绘书诞生于二年级的袁同学之手,她也是目前出书产量最多的一名小镇民。她说,写手绘书就是从原始材料的积累开始,搜集故事素材,进行简单的记录,等等。她在低年级的时候就会在密码本里记录校园里的趣事,旅游时把所见所闻写成旅行日志,用生动的方式记录生活中的见闻,这些都是故事创编的灵感,每一本手绘书都会给她带来希望和创新。通过"魔法小书店"的学习培养与实际锻炼,小镇民们更加善于感受和观察生活,实现主动积极学习。

"蓬莱小镇"课程实施坚持情境学习与实践体验两个基本元素,以此形成观察与发现式的学习,过程中注重直接经验的学习、知识学习与认知建构,并且将形成的学习方式引入课堂教学,在基础型课程中,教师尝试隐性地融入"蓬莱小镇"的理念,创设基于关注直接经验积累的学习情境,引导学生玩中学,关注体验、探究和发现,实现学生主体的、多样化的学习,促进了学生学习习惯和方式的变革。

三、科研引领变革,从实践层面上升到理性的思考和行动

"蓬莱小镇"课程站在育人的高度经营和建设,聚焦课程制度的优化和创新,从目标体系、内容架构、实施形态到课程评价,展现了教师团队强大的课程实践能力。随着"蓬莱小镇"课程的深度推进,教师们在实践过程中不断发现新的问题,不断打破新的壁垒,与此同时,理性的思考和行动悄然开启了,从实践的层面上升到科研的层面,呈现出充满活力的教学生态环境。

(一) 上海市中小学第二轮、第三轮"课程领导力"项目的研究

2015年,学校成功入选上海市第二轮中小学课程领导力项目学校。"'蓬莱小镇'特色课程模式构建与实践完善研究"成了引领学校发展的重要课题,历经三年的实践和研究,伴随着"蓬莱小镇"课程的起步和生长,凝聚着全体蓬二小教师的实践智慧。三年里,"蓬莱小镇"特色课程体系已比较成熟,且已从课程建设的研究延伸到德育渗透、课程实施、环境建设等多个领域,项目于2018年11月顺利结项。结项活动中,市教委教研室纪明泽副主任对该项目给予高度评价,他说:"'蓬莱小镇'已在上海乃至全国形成了一定的影响力,这不仅体现了项目本身的成果,更是体现了课程领导力方

面的经验、策略、路径的提升,并已形成上海提升课程领导力的经验。"

2019年,我校再次入选上海市中小学第三轮课程领导力项目学校。在第二轮课程领导力项目着力研究"蓬莱小镇"特色课程模式构建与实践完善研究的基础上,我校继续深化拓展,以"融入'蓬莱小镇'元素的基础型课程教学方式变革实践研究"为研究主题,把研究重心聚焦到基础型课程教学方式的变革中来。2019—2022的四年研究周期中,学校教师团队从不同的学科展开实践研究,从小镇课堂教学元素直接融入基础型课堂,到小镇课程"情境+任务群"的教学方式的提炼,再到基础型课堂教学中小镇元素的间接融入,最后形成教师的理念无痕渗透,过程分步实施,策略运用恰当,案例撰写翔实,调查论证严谨,实现了"从关注教到关注学"的转变,有效地促进核心素养在课堂教学中的落地,走在了教育理念、教学方式变革的前沿,为课堂教学方式变革研究提供了新的视角。我校在上海市中小学第三轮课程领导力项目结题论证中获评"优秀"等第,并成功入选第四轮上海市中小学课程领导力项目学校。

(二)"课程领导力"项目带领教师开展一系列子课题研究

两轮课程领导力项目带来教师教育理念的转变,带动全体老师在不同的学科领域,从不同的视角发现问题,开展与"蓬莱小镇"相关的各项实践研究。教师们主动打破舒适区,从擅长"做"到学会"思"再到尝试"写",将教研和科研深度融合,形成一个个有价值的研究项目。参与教师多、涉及学科全、研究质量高,形成百花齐放的局面。

在"融入'蓬莱小镇'元素的基础型课程教学方式变革实践研究"中,学校每个教研组基于该课题进行分年级的子课题研究,16个教研组根据学科特色,结合学生年龄特点,申报了16个校级课题,参与该子课题研究。如五年级语文组立足于统编教材单元编写特点,渗透我校蓬莱小镇元素融入基础型课程的理念,确定将"小学高年级语文教学一体化的实践与研究"作为教研组校本研修的研究专题;四年级数学组结合学校即时评价的使用以及探究型学习方式的深入研究,开展了题为"运用'App 即时评价+导引'方式提升中低年级学生数学学习品质研究";英语大组根据课程标准和学校办学理念,关注对学生学习方式改变和学习能力提高,制定了"基于课程标准融入小镇元素优化单元整体设计"的研究专题等。科研促进教研,教师的专业得到发展。

此外,来自不同视角的教师个人课题研究也次第展开,"基于'蓬莱小镇'课程培养未来社会人的实践研究""'蓬莱小镇'校本课程对促进学生参与家务劳动的实践研究"等市区级课题的研究聚焦儿童德性的培育和养成;"整合'蓬莱小镇'课程资源,优化数学课堂教学的实践研究""基于'蓬莱小镇'可达小学生创意作文教学实践研究""学科绿色作业设计和实践的研究"等市区级课题聚焦课题国家课程教学方式的变革;"'蓬莱小镇'情境下个性化学习支持系统的创建与运行""在'蓬莱小镇'管理委员会建设中培养少先队小干部的实践研究"等市区级课题则聚焦学生综合能力的培养……

在实践和研究中,教师的教育科研可谓是硕果累累。"'蓬莱小镇'遇见未来——综合实施活动落细落实价值观教育"荣获全国德育典型经验案例,"'蓬莱小镇'课程的开发和实践""从'小社会'到'大社会':基于情境的小学生劳动教育实践探索"分别荣获上海市基础教育教学成果一等奖和二等奖;"'小镇元素'融入家庭教育共育未来社会人"获"长三角家校合作高峰论坛"论文评选一等奖;市级课题成果"'蓬莱小镇'特色课程建设的研究与实践"荣获上海市教育科学研究院第七届学校教育科研成果二等奖;"小社会·大世界——'蓬莱小镇'课程的研究与实践"获得黄浦区第十三届教科研成果一等奖;"小学低年级'垃圾分类环保科学实践活动'的设计与实施研究"获青年教师教育教学课题研究成果二等奖;"我们思考,怎么把这个课程带回英国——再谈'蓬莱小镇'"在 2020 黄浦区"跨文化国际理解教育"优秀案例评选中荣获一等奖。仅以近三年的数据来看,共有 50 余篇教师的科研论文或案例在《上海教育》《现代教学》《黄浦教育》等多个市区级权威刊物、官方媒体平台上发表。

第四节　学习空间的创意设计

"蓬莱小镇"课程建设需要相关硬环境的建设作为支撑,甚至是将学校空间本身作为课程来建设,将"蓬莱小镇"课程所蕴含的文化因素融入学校硬环境建设中,着力建设支持学生个性化发展的小镇软硬环境是不容忽视的内容。学校门厅新搭建的活动景观"小镇丛林"、为小镇公交公司课程打造的"公共汽车教室",蓬莱小镇微信公众平台和集结出版的小镇故事《有一个叫"蓬莱小镇"的地方》。学校从"魔法小书店"出发鼓励学生们自创自编手绘书,每学期以"小镇新书发布会"的形式鼓励全校学生多阅读、多写作,无不是从蓬莱小镇课程的活动探索中诞生出来。我们还将创意增设适应于未来学校发展需求的现代教学硬件,通过校园环境改造和学校文化创意设计,让学校成为可以自由、安全享受学习的乐园。

一、公共汽车教室

"公共汽车教室"是以一辆改造的废旧巴士为全新载体,面向全体学生开放的小型社会"模拟器"。它围绕公共汽车环境设计了一系列互动式、体验式的教学活动,最大限度地激发学生的创新意识,提升学生的实践能力,让他们在逼真的模拟空间中快乐地学习"小小社会人"的进阶课程。

2013年,基于美国著名教育学家杜威的"学校即社会、教育即生活"理论创建的"蓬莱小镇"校本拓展课程诞生了。它涵盖了5个年级、48门不同职业、不同兴趣的课程,成为全体学生体验、学习、探索、协作、创新的乐土,逐步实现了学校教育对低年龄阶段学生的社会化启蒙和教化。作为社会化教学的另一个重要元素,它注重引入现实化的场景来优化教育环境、强化教育效果。随之而来的问题是:如何将真实社会浓缩进校园,从而为学生创造交往、启迪实践的机会?2015年,一间别具匠心的公共汽车教室破茧而出。

第五章 支撑："小镇"生态保障系统的构建

"公共汽车教室"开进校园

　　选择公共汽车作为迷你小镇中现实社会的代表，主要基于以下几点考虑：首先，公共汽车是大千世界的一个缩影，在这里每天都有形形色色的人发生各种各样的联系；其次，"蓬莱小镇"中恰好有一门"镇公交公司"的课，这里的孩子始终有一个梦想——希望有朝一日能在一辆真正的公共汽车里上课；最后，巴士教室的雏形在日本知名作家黑柳彻子女士所著的《窗边的小豆豆》中就曾出现过，书中有一间孩子们都喜爱的汽车教室，能一边学习一边"旅行"。公交车是孩子们再熟悉不过的日常交通工具，在这样亲切的生活场景中学习探索一定别有乐趣。就这样，一辆从设计到功能汇聚了全校学生创意的巴士最终走入了校园。

1. 场地设备

　　公共汽车教室由一辆废旧的大巴改造而成，车身外部是学校吉祥物企鹅蓬蓬、莱莱的卡通彩绘，车内基本保留了公共汽车原有的结构。车的头部和中部增加了3个显示器用于教学媒体的演示，车头挡风玻璃处安置了80英寸的触摸显示屏，调整后的移动式座椅可以满足各种课堂教学模式的需要，两侧车窗下安装的软木板可供展示学生的作业，后侧增设一排兼具座椅和储物功能的方凳。汽车的尾部空间被改造成了一个藏有旋转式书架的小图书馆——Little Free Library，便于校园书籍的漂流。公共汽车教室周围还延伸打造了红绿灯、横道线和车站，并用小栅栏围成公共汽车教室区域。

139

蓬莱小镇："公共汽车教室"内部　　　　　　　"公共汽车教室"尾部的校图书馆 Little Free Library

公共汽车教室设施设备一览表

序号	系 统	设备名称	数量	说 明
1	多媒体教学系统	交互式液晶显示器	1台	80英寸
		计算机	1台	
		音箱	1套	
2	学生显示系统	车载显示屏	2台	学生用
3	扩音系统	壁挂音箱	6只	
		定压功放	1台	扩大功率
		无线话筒	2支	
4	仿真驾驶系统	LED显示屏	1台	仿真驾驶
		驾驶员座椅	1套	
		驾驶员设备柜	1套	
		售票员操作台	1套	
5	仿真公交站系统	室外显示屏	1台	站台显示屏
		车载LED显示屏	2套	报站显示屏

续表

序号	系统	设备名称	数量	说明
6	其他	学生座椅	40套	
		固定书架	1张	
		尾箱及旋转书架	1组	
		尾部储物箱	1套	
		软座沙发	1组	
		车门控制气泵	1套	
		刷卡计费器	1套	上车刷卡

2. 公共汽车里的小课程

公共汽车教室既是"蓬莱小镇"课程的一部分，也是学校根据学生愿望选取的具象世界在孩子心目中的映射载体。公共汽车教室作为校园创新课程实验基地，其核心课程是校本拓展课程"镇公交公司"及与之相关的社会生活类课程，同时将学科类基础型课程和其他活动类课程作为有益补充。

"镇公交公司"的任课教师结合全新的巴士教室的模拟情境和选修该课程学生的年龄特点，设计开发了一系列新鲜有趣的新课题，其中包含以下10讲内容：

第1讲 公交车的诞生

第2讲 车厢的小秘密

第3讲 我的创意车厢

第4讲 安全乘车小常识

第5讲 模拟驾驶员

第6讲 多级车票的设置

第 7 讲　城市与交通

第 8 讲　道路规划师

第 9 讲　我的公共汽车站

第 10 讲　未来的公交车

在学科类基础型课程内容的设计上,教师们兼顾了汽车教室独特的空间体验和以此为延伸的创意元素。比如从公共汽车教室的圆梦经历,引申到鼓励学生大胆追求梦想的英语课 I have a dream(《我有一个梦想》),利用特殊环境向小豆豆原作者黑柳彻子女士致敬的创意作文课《给黑柳彻子女士的一封信》。

【学生记事本】

给黑柳彻子奶奶的一封信

亲爱的黑柳彻子奶奶:

您好!

我们是中国上海市黄浦区蓬莱路第二小学的学生。虽然我们从没见过面,但是我们从《窗边的小豆豆》里认识了慈祥又可爱的您。我们知道您不仅是日本著名作家、著名电视节目主持人,还是联合国儿童基金会亲善大使呢!

我们真喜欢您写的小豆豆,每当读到"海的味道,山的味道",我们总会馋涎欲滴,最让大家百看不厌的就是"电车教室"啦,那新奇有趣的课堂,也是我们每一个小读者的梦想!

三十年后,您一定不会想到,就在我们学校——上海市蓬莱路第二小学也拥有了一个公共汽车教室。它是由我们全校师生共同设计,由一辆废旧的大巴改装而成的。车身外壳白色的背景上印着漂亮的蓬莱小镇和可爱的蓬蓬、莱莱。

(哦!豆豆奶奶,这里有必要向您介绍一下"蓬莱小镇"。每个星期五下午，我们学校就会变成一座欢乐的小镇。小镇里有"医院、银行、超市、警察局"等48门有趣的课程，我们和老师都是小镇的镇民，分别扮演着医生、警察、邮递员、消防员等不同的角色，我们每一个小镇民都有护照、货币和存折，学校就像一个小小的社会。您一定还想问蓬蓬、菜菜又是谁，它们是一对憨态可掬的小企鹅，也是我们学校的吉祥物噢!)

我们的公共汽车教室可有意思啦！车门边有个刷卡机，教室里整齐排放着40把椅子，和公共汽车上的椅子一模一样。驾驶员座位前的挡风玻璃处有一块大大的电子触摸屏，我们可以坐在公共汽车教室里上课、阅读、开会、活动，还可以模拟驾驶呢！汽车尾部藏着一个秘密小天地——Little Free Library(自由小书屋)，汽车外面有真正的横道线和会闪的信号灯，还有一个可以挡风遮雨的温馨小车站。它是72变的校园超级明星，时而变身创意课堂，时而变身图书角，时而变身会议室，时而又变身报告厅，您要是来看看，一定会喜欢！

豆豆奶奶，前不久我们学校还举行了一个"小镇汽车节"的活动，其中最热闹的就要数"疯狂汽车日"了。活动规定当天全校师生必须统一穿戴有汽车元素的服饰出现。一大早，校门刚一打开，一大波穿着奇装异服的小小"汽车人"就横空出世，眨眼间，整个校园就被各种大的、小的、圆的、方的、稀奇的、古怪的汽车元素攻占，成为一片汽车的海洋！

同学们有的戴着五彩汽车黏土手链，有的贴着汽车卡通文身，有的拎着酷酷的轮胎造型包包，有的头上顶着塑料方向盘，有的身上挂着纸质大汽车，有的打扮成小警察和小警车，警车上还有警灯在闪闪发光，还有一位夺人眼球的男生头戴金属面具、手拿特制盾牌、双臂绑着小轮子、背后背着塑料大玩具车，活脱脱一个真人版的"钢铁侠汽车人"！就连老师们也加入了这支疯狂的队伍。他们有的挂着汽车胸针，有的戴着汽车耳钉、有的玩起了汽车彩绘，有的自制了小汽车图案的口罩和手套，还有的特意为我们烘焙了可爱诱人的汽车造型巧克力饼干。

汽车节里，我们把自己精心设计、手工制作的未来汽车布置在公共汽车教室里,将整个教室变成了一个充满未来感的高科技汽车博物馆;我们还在公共汽车教室里举行了一场别开生面的音乐会,这时的教室又好像变成了一个令人陶醉的超大八音盒……

"公共汽车教室"里的音乐会

  我们就这样在玩乐中,在实践中,在创造中,兴奋地摘取一个个创意的果实,然后把它们一个个地吞入肚中,我们的大脑变得顺滑,脑筋转速如光;我们的大脑变得充实,里面充满了创造和梦想。当年,您来到了巴学园,就如我们现在来到了蓬二小一样,小林宗作爷爷就如我们拥有大大的梦想并且充满童心的余校长。我们的学校,都不普通:它是一座让大家共同相处,学习的梦幻游乐园。我们觉得,我们的学校就是一所现代巴学园。

  豆豆奶奶,我敢保证,您在我们的学校里一定可以找到您的童年,所以,我们全体五年级的小朋友一起给您写了这封信,向您发出诚挚的邀请,欢迎您到我们学校来玩,我们希望能带您到我们的蓬莱小镇游一游,带您到我们的公共汽车教室里坐一坐。相信这次全新的"巴学园"之旅会让您回忆起小时候的美好时光,正如您在后记里写到的那样"如果小林先生在世的话,一定会非常欣慰的"。

  亲爱的豆豆奶奶,欢迎您到我们学校来做客!这是我们每一个小镇民的共同梦想,虽然梦想有些遥远,但是我们期待着梦想变成现实的那一天……

祝您新年快乐!

一群热爱"巴学园"、热爱"蓬莱小镇"的蓬二小学生

其他活动类课程也多以"汽车"为主题,如汽车椅套设计赛、汽车万象博览会、汽车教室音乐会、公交劳模讲述车厢的故事……丰富多彩的课程和活动充分调动起了学生在这个新环境里创造梦想、实现梦想的热情。

3. 教学变革

不管是在校本拓展课程,还是基础型课程的实施过程中,公共汽车教室主要采用的都是情境式体验教学模式,学生在教师引导下通过自主探究发现问题、解决问题。教学空间的转变,带动了学生对未知事物构建新经验的创新能力的发展,而全新教育空间的特殊性也促使教师必须不断调整教学目标、教学内容和教学方法,帮助学生在课程中实现更多的体验和交往。

"镇公交公司"的任课教师围绕新教室开发的10讲主题,重新调整了教学形式。例如,在"车厢的小秘密"一课上,教师会下发每个学生一张任务单:公共汽车里到底藏着哪些小秘密?教师先引导学生在自主观察中发现问题。然后,学生们纷纷展开小组行动,有的找到了控制车门的开关,有的发现了两扇车窗中间的安全锤,有的探究怎么调节中央空调……接着每个学生都会分享发现、讨论交流,并结合现实生活中的经验解读车厢的基本功能和构造,充分发表见解。在接下来"我的创意车厢"一课中,教师先选择聚焦一组国内外新鲜奇特的车厢照片,学生则将继续交流上一课的发现和心得,参考校园公共汽车教室的改造案例,对传统的车厢进行一场从形式到功能的创意大策划。于是,学生们有的说座椅要能自动调节温度,有的说吊环拉手有对话问路的功能,有的说车厢要变成巨大的4D电影院,还有的说车顶应该设计成一个大花园……所有这些有趣的创

意和想法都被学生们通过画画或手工的形式表现了出来，配合"小设计师的话"这个点睛之笔让创新在车厢内外得到拓展和延伸。

巴士教室的出现也推动了传统基础型课程教学的改革，"重创新、重体验、重实践"成了课程优化的三大主方向。三年级的数学课"分米的认识"被搬到新教室里，教师让学生们通过使用皮尺亲自测量公共汽车教室座椅、车窗和车门的高度和宽度来解决分米的概念问题；二年级的学生通过学习模仿语文课本中的《微波炉的话》一文，在教师的引导下先体验观察，之后按照"我的样子""我的本领""我的朋友"和"注意事项"等多角度自主完成一篇生动有趣的拟人化作文《公共汽车的话》；一年级的小朋友则在音乐老师的带领下通过体验模拟驾驶、设置多重音乐任务来感受不同的节拍。

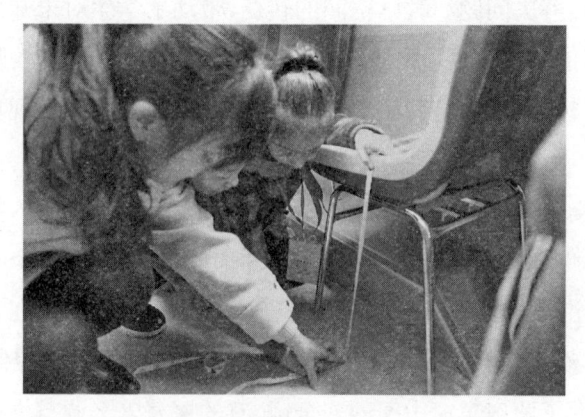

"公共汽车教室里"的数学课

创意化教学绝不应仅仅局限于授课，而是应在校园文化建设中随处可见，融合在学生的日常点滴中。早在项目初期，学校就发起了"我是公共汽车教室设计师"的活动，不少优秀的学生创意被纳入最终的改造方案中，如在车内体验模拟驾驶，在教室里建一个小型图书馆，在巴士旁搭建一个遮风挡雨的车站等……成形后的巴士教室车厢内处处可见学生DIY的作品，就连椅套都是由40名学生自己设计的。学校还在学生的建议下开设了"午间汽车吧",举办了"巴士音乐会",推出了"小镇公交卡"。

新环境、新课程、新任务,情境式的体验学习让一切变得轻松而高效,无形中也提高了学生创造性地解决问题的意识和能力。

4. 运行机制

公共汽车教室对全校教师实行预约开放式的管理制度。各学科教研组根据各年段的课程标准,结合教学内容展开教研活动,研究哪些教材主题适合在公共汽车教室开展教学。课程设计制定后,教师按课时安排在德育室预约巴士教室的具体使用时间和要求。而公共汽车教室附属的图书馆 Little Free Library 则实行学生自主管理,由高年级学生统一进行书籍及午间汽车吧的管理,学校对每班定期发放一定数量的"午间阅读券"作为激励机制供学生自由支配使用。

"公共汽车教室"的诞生,受到《解放日报》《环球时报》《新民晚报》等各大媒体的热议。落成至今,来自全国、市、区的教育界同人纷纷前来观摩学习,学校接待了近百批兄弟学校师生的参观访问。这间不一样的教室,不仅体现了蓬莱小镇的课程特色、办学梦想,而且充分体现了它作为互动体验式创意空间的目标——在实践中激励学生的创新意识和加速提升他们的创新能力。它让学生在这个社会化的小世界中自由交往、探索创新、发展个性,也在无形中促进了传统教学理念和教学方式的变革,真正实现了"玩中学、学中乐"的办学理念。如今,这个深受欢迎的微型社会模拟器已经成为推动校园创新的灵感源泉,在这里,处处涌动着无限的探索热情和创造生命力。

二、魔法小书店

随着时代的前行,学生认知、家庭教育、社会氛围都在发生着变化。学校教育必须遵循儿童的身心发展规律,尊重儿童的人格发展需要,不断地激发学生的内在潜能和发展动力。在生活中学习、在学习中生活,让孩子无痕地浸润在学会自主学习、积极实践创新、担当社会责任、审美情趣等核心素养习得的过程中,通过活动体验获得丰富的体验和快乐,从那些真正有教育意义、生活意义的活动中主动学、快乐学。同时,目前学校仅按照年龄编成固定班级进行授课的模式显然已无法满足教育个体日益活跃的个性化学习需求。这就需要我们跳出既有班级授课制的模式,构建一个全新的、能够支持学生实现个性化学习的新模式。《基础教育课程改革纲要(试行)》中明确指出:"改变课程实施过于强调接受学习,死记硬背、机械训练的现状,倡导学生主动参与,乐于探究,勤于动手,培养学生收集和处理信息的能力,获取新知识的能力,分析和解决问题的能力,以及交流与合作的能力。"对于喜爱写作的学生而言,将生活或想象记录下来的创作是他们的乐趣。如何为这些孩子提供舞台?

(一)魔法小书店的缘起

2015年,魔法小书店诞生。魔法小书店是由学生最喜爱的"蓬莱小镇"特色课程发展而来,它带领学生在课程中进行从读者到书店店员的角色转换,继而培养学生从一名优秀的阅读者成为图书的创作者。魔法小书店帮助学生在小学阶段就能完成并出版自己人生中的第一本书。"魔法小书店"的诞生源于一个"作家梦"。

(二)小书店"魔法"所在

1. 为学生个性化学习提供无限可能

实现全纳、公平与个性化的学习一直以来都是新课程改革追求的目标与着力攻克的难点。"魔法小书店"是一个学生个性化学习的支持系统。它根据学生不同的兴趣提供学习资源,围绕学生不同的学习方式来塑造教学,发现、关注每一个学生独特的天资,发展个体潜能,尊重个人选择,鼓励个性发展,提升学生学习主动性和主体意识,养成主动探索的良好习惯和优化知识的重要能力,最大限度地实现"将每一个学生的成就置于教育中心"。

2. 指向"以学生为中心"的价值追求

"魔法小书店"学生个性化学习支持系统为学生发展整合优质多元的学习资源、创设自由探究的学习环境、营造平等和谐的学习生态、提供个性发展的无限空间，支持全校每个学生在学习过程中从兴趣出发，自由选择个性化学习的方向、内容与形式。学生将个性充分融入学习过程中，能够根据自己的个性需求和发展潜能进行有选择性的学习，自己决定学习的方式、进度、时间和地点等，从而促使每一个学生在过程中学会学习，各方面获得充分、自由、和谐的发展。该系统充分体现了"以学生为中心"的教育理念，让学生以自己的方式主动建构知识，在个性化的学习中不断丰富自身健全人格建构的内涵，寄托了学校致力于最大限度激发学生各种潜能的价值追求。

3. 在小社会情境中自主体验现实感

教育以德为先，体验是实践过程中的重要环节。我们尝试让这些怀揣着作家梦的孩子在"蓬莱小镇"这个模拟的小社会情境中体验"作家"这个职业。情境体验模式是实现职业能力养成的可行路径选择，活动的开展是为了学生的发展，学生是主体。现实感着力于学生需要的满足，没有兴趣的教育不可能是真正成功的教育，不切合学生生活的教育也不可能有真正成功的教育。在这个小作家梦里孩子们都是主角，发挥他们的主体作用在模拟的小社会情境中积极自愿地投入活动，由感官层面的体验，逐渐走向理性的、技术层面的实践。在活动中不知不觉地养成品德、获得知识，实现生活、生长和经验的改造。把抽象的梦想化解为一个个具体的实践体验活动，尊重学生的主体地位，使得学生了解和发现自己、认识和探究社会，培养有现实感的未来小小社会人。

4. 在实现梦想的过程中创造仪式感

最初的活动中，我们的小作家只需提交申请，审核通过后就直接写书创作了，到了交稿时间却发现有部分小作家迟迟不能把书稿交到魔法小书店，严重影响了出书的节奏。小作者光有个性不行，还得守规则。于是我们从学校的实际出发,创新形式,为这些小作家的梦增加了"仪式感"这个催化剂。《小王子》是一本伴随全世界一代又一代孩子成长的图书,书中,小王子问:"仪式是什么?"狐狸说:"它就是使某一天与其他日子不同,使某一时刻与其他时刻不同。"仪式意味着重大事件的开始或结束,象征承诺、宣誓、庆祝、改变甚至升华。在小学阶段,二年级的入队仪式、三年级的十岁生日、四年级的手拉手活动、五年级的毕业典礼等,都是传统的仪式教育活动。一件很普通的事情,有了仪式感,这件事情就会有价值。教育目的的实现必须依靠设置一定的情景,采取一定的方式和方法,教育活动中仪式感的营造和利用能有效地增强教育的影响力和感染力。带有仪式感的活动总能够让人记忆犹新。而魔法小书店的运作中也是帮助学生在其成长路上、追梦途中创造一个个仪式。仪式感不仅给学生带来了安全感、秩序感、归属感,也让学生学会了秩序、规则、纪律与谦让。

(三)魔法小书店的运行

从 2015 年起,我们以"守规则、懂礼仪、展个性、乐创新"为活动基调,协同蓬莱小镇里的魔法小书店课程和蓬莱小镇工作委员会,从最初单一的新书发布和签售发展到现在的"提交一份书号申请、设计一份小样、签订一份协议、完成一本书稿、发布和签售一次新书、参加一次巡回发布"六大系列活动,高精度地还原真正作家写书的历程,小作家从写作梦想出发,然后构思目录框架,写出小样,再进行书号申请,签署协议,修改调整,最后完成整本书的创作。在几年的实践过程中,学校已经形成了一套较为完善的手写手绘书"申请—评审—创作—出版"流程及规范要求。具体流程如下:

1. 书号申请

想要写书的学生填写包括书名、作者、内容概括、预计字数和完成时间等内容的《书号申请表》,与书作的小样一起在规定时间内提交。

第五章 支撑："小镇"生态保障系统的构建

2. 审核讨论

小镇工作委员会及教师、家长代表根据学生《书号申请表》及小样中的封面、目录、第一章的质量和内容进行审核，通过讨论选出各方面都相对优秀的作品，为这些作品颁布书号。

3. 签约仪式

每一轮书号申请成功的小作家都会由蓬莱小镇工作委员会组织举行蓬莱小镇新书出版协议签署会。签约仪式分为四个板块，不仅通过仪式让学生明确写书的权利和义务，也对他们的创作进行基础的指导：

（1）宣布本次获得书号作品的书名和小作者名单。

（2）邀请已经写过书的小作家及相关的老师分享书作撰写经验和创作注意事项。

（3）本轮签约的小作家须认真阅读协议，在明确其中内容后签约。

（4）针对《书号申请表》及小样中的优点和存在的问题对本轮签约的小作家们进行个别写作指导。

【教师记事本】

在"蓬莱小镇"新书出版协议签署会上由校长宣布获得书号的所有书名和小作者名单，随后由小镇工作委员的委员分别从甲方、乙方的权利和义务四个板块具体地向所有小作者介绍了协议的内容，一旦有争议可以提交蓬莱小镇"正义小法庭"仲裁解决，在签约仪式最后所有小作家认真阅读协议内容后慎重地在签名栏里签上自己的姓名，小镇长盖章生效。这是一种承诺、这是一种责任、这是一种梦想打开的正确方式。有的孩子回忆当时的情景激动之情溢于言表："当小镇长盖上小镇工作委员会图章时，我的心脏都快要停止了，从那一刻起我的书稿真正地被魔法小书店认可了，我承诺的一定要完成！"满满的仪式感让学生深切感受到自己离梦想又进了一步，站在了新的起跑线上，既有追求新目标的激情和冲动，又有接受新考验的信心和决心，保持一份积极向上的心态和热情，从而源源

151

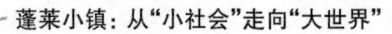

不断地焕发学习的动力和创造力。

（蓬莱路第二小学　王乐云）

4. 作家创作

签约后的小作家须在签约合同的规定时间内，图文并茂、保质保量原创完成自己的书作。在这个过程中，他们需要克服重重困难、认真坚持才能顺利完成自己的手写手绘书。

5. 导师指导

每位小作家在签约过程中，都会邀请一位自己信任的老师或家长担任自己的指导老师。指导老师会为小作家的创作保驾护航，为小作家们在创作过程中遇到的问题提供意见与指导。

6. 新书发布

学校为所有小作家提供平台，每位小作家都能向全校师生通过几分钟的介绍展示、推荐自己的书作。如何生动有趣地介绍，才能成功推介自己的作品，勾起其他学生的"购买欲"，这也考验了小作家们的现场表达能力。

7. 作家签售

除了发布会外，小作家们也会面向全校学生举行签售活动，让小作家们体验"明星作家"的感受。这些类似现实社会的活动体验，让学生们发现、体验"未来"，也鼓励了更多学生参与创作。

8. 巡回分享

如今，小作家们的活动不单只是面向本校师生，更是走出了校门。学校组织小作家们积极参与爱心义卖活动，并到其他学校进行巡回分享。目前已将作品带到了曹光彪小学、崇明区实验小学、包玉刚实验学校、上海惠灵顿国际学校、七色花小学、东展小学、新黄浦实验学校、上外黄浦外国语小学、嘉定区实小北水湾分校等十余所学校，将自己的经验和成果分享、传递给了更多同龄人。

（四）魔法小书店的发展

目前,学生个性化学习支持系统遇到的瓶颈在于不能够完全满足学校每一个学生个性化学习的需求,存在的主要问题有：未能准确定位学生个性化学习倾向；未能提供与学生个性化学习需求相匹配的资源与要素等。这也促使我们继续探索了解学生个性化学习倾向的途径和方法,从学生的需要与兴趣出发拓展和细化系统中的各类要素,不断完善"魔法小书店"这一学生个性化学习支持系统的架构和运作。

1. 学生个性化学习倾向的调研机制

（1）提供资源

全校学生从自身兴趣出发,通过"魔法小书店"线上、线下资源平台自由选择喜欢题材和类型的中英文书目进行阅读。后台大数据记录下每一位学生的借阅记录。

（2）收集数据

搭建"书香花园"网上阅读评价系统,关注全校学生常态学习,对所收集的借阅记录进行数据统计与整理。通过后台大数据的统计,分析出不同性别、年龄的学生的阅读情况与偏好,进而了解学生个性化学习的倾向。

以座谈、访谈、问卷、信件投递等方式,有意识地、自下而上地听取广大学生在个性化阅读后所产生的兴趣点及相关需求,基于学校的现有资源,为他们提供条件,使学生富有创意和个性的想法得到满足。

2. 支持学生个性化学习的平台

根据学生在个性化阅读后的反馈,细化学生个性化发展需求,提供多个实践平台,进一步展开个性化学习,关注每一个个体的个性发展。

（1）完善个性化写作出版平台

满足在个性化阅读中不断积累语言素材,结合生活实际,产生个性化表达需求的学生。以个性化阅读促进个性化写作,为热爱写作的学生提供自主创编手写手绘书的机会与平台。建立一套完整的手写手绘书申请—评审—创作—出版流程及具体要求。以正式出版图书、开展新书发布会、举办校内外书展、组织校外新书义卖、签售等活动，传递"爱阅读，乐表达"的美好理念，鼓励更多学生参与个性化写作。

（2）优化个性化创编表演平台

满足在个性化阅读中深受故事情节感染，对故事中的某一人物印象深刻，产生渴望融入故事、亲身演绎、展示自我的需求的学生。结合"蓬莱小镇"已有的"快乐小舞台""民族戏剧团""阿拉丁剧场"等课程，将学生阅读的书目改编成剧本，让学生在表演与戏剧冲突中亲近角色、体验角色，更加深刻地理解、体会故事人物的性格特点，对文本产生个性化的解读。

（3）利用个性化课题研究平台

满足在个性化阅读中就某一领域产生浓厚兴趣或疑问，产生收集、分析、解释该领域有关信息的需求的学生。利用"蓬莱小镇研究院"，鼓励自主探索研究、小组合作研究，逐步培养学生发现问题、提出问题、解决问题的能力，培养学生创新的意识和刻苦钻研的精神。

以上所提供的支持学生个性化学习的平台仅是"魔法小书店"学生个性化学习支持系统中的部分要素，随着研究的不断深入，将从不同学生的个性化学习倾向出发，产生新的生长点，不断生成为学生量身定制的个性化学习平台。

3. 教师在学生个性化学习中的支持策略

个性化学习使学习者自我导向学习技能，用学习者的自律取代了教师的他律，加强了教与学之间的良性互动。教师作为"魔法小书店"学生个性化学习支持系统中的人力资源，其职责从原本的传授知识转变为支持学生个性化学习，这对教师各方面的素养都提出了更高的要求。

（1）了解学生个性化学习倾向的策略

教师在锁定学生个性化学习倾向时起到关键作用。对于学习倾向明显的学生，教师应鼓励他们从兴趣出发，积极投身于进一步的个性化学习过程，挖掘潜力，提升能力，实现理想。对于一些由于兴趣不锁定而无法开展进一步个性化学习的孩子,教师可参考后台大数据中相同性别、年龄学生的普遍学习倾向,为这些学生提供参考,缩小范围,跟踪观察,用自己专业的眼光做出判断,把握时机,适时干预,给予建议,做到精准引领。

(2) 支持学生进行个性化学习的策略

学生进行进一步个性化学习的过程中,可能会遇到一些困难与挫折,产生畏难或者退缩的心理,使个性化学习过程中断。这时,教师需要更多地在情感上提供支持与陪伴,鼓励其调整心态,积极面对学习中的挫折,努力找到解决问题的方法。还有一些学生的个性化学习会因知识或技能的欠缺而受阻。这时,教师应发挥自己的专业特长,及时提供理论和技术上的支持,成为学生学习生活的服务者和引导者,推进学生个性化学习的进程。

(3) 鼓励学生展示个性化学习成果的策略

教师在学生展示个性化学习成果的过程中宜采用激励评价。除了进行口头表扬外,也可充分利用学校现有资源,通过"互联网+"形式,推进线上线下多元展示模式。如:学生创作的手写手绘书入驻"书香花园"网上阅读评价系统,引导全校学生在阅读、答题的过程中鉴赏与评价;通过校园网、微信、WOW! Peng Lai Town! 节目、"蓬莱小镇"月报等多种媒介和丰富的形式,宣传学生个性化学习中的亮点与成果,给予积极、正面的评价。

(五) 魔法小书店的实践成效

2015年至今,已有193本手写手绘书获得蓬莱小镇工作委员会颁发的书号,共有284名小作家的179本手写手绘书在学校范围内出版,其中8本组成《蓬莱小镇之魔法小书店》套书在由学林出版社正式出版发行,7本书获中国台湾地区举行的国际华文少儿书作大赛优胜奖,另有8本组成的《蓬莱小镇之魔法小书店2》套书由上海少年儿童出版社出版。2018年6月,学校开展了为期2周的蓬莱小镇首届学生书展,展出了近百名学生创作的手写手绘书,并在每天都安排了各类活动。2018年8月,小作家们带着他们正式出版的套书《蓬莱小镇之魔法小书店2》亮相上海书展,进行签售。学校规范有序的活动、小作家们有趣的故事和丰富的想象力,也让越来越多的学生在阅读的过程中爱上阅读和写作,让更多的学生将写一本书作为小学阶段要完成的一个目标。

在这整个过程之中,学生需要的不仅是时间和精力,更重要的是坚持做好一件事情的毅力!在追梦的路上,不可能一帆风顺,过程中需要经历很多,可能是出其不意的小波折、可能会有疲惫想放弃的时候。很多小作者除了写书还有繁忙的课业,如何来权衡这两方面?如何管理好自己的时间?孩子们通过在这样一个模拟的情境中真实体验,感知梦想不仅要"志存高远",还要"脚踏实地"。写作的过程是向着一个目标坚持的过程,是一个不断克服困难的过程,是诚信地遵守约定的过程,是勇于追梦的过程。

孩子们用手写手绘书的方式将自己宝贵的精神财富记录下来,不仅是为自己留下永久的回忆,更重要的是想传递给每一个蓬莱小镇的小镇民,无论你有多普通,只要心存梦想,脚踏实地,我们一定可以发现未来。

三、更多个性化支持系统

(一) 小镇研究院

2018年12月28日,在科技节闭幕式上,"蓬莱小镇研究院"正式成立。创建的"蓬莱小镇研究院"课程,旨在鼓励学生自主探索研究、小组合作研究,逐步培养学生发现问题、提出问题、解决问题的能力、创新的意识和刻苦钻研的精神。这是一个支持小镇民根据自己的兴趣爱好自由申报科学研究小课题、展开研究的地方。

研究院的成立标志着蓬莱小镇为热爱科学研究的小镇民提供更多个性化的支持,和热爱写作的小镇民可以在魔法小书店申请书号一样,每一个有科学梦的孩子,都可以在每学期初向小镇研究院通过课题申报的方式提出申请。小镇研究院的导师志愿者团队将审核他们的申请,如果项目被成功立项,就会有一位甚至几位志愿者导师带领"小研究员"一起开展过程研究直到结题。魔法小书店也欢迎小研究员用手写书的方式呈现他们的研究报告。

1. 小镇研究院的运行

(1) 发现问题

学生通过留意观察身边的各种现象,从而发现其中的问题,驱使他们一探究竟。当有这样的感受的时候,那就是时候向蓬莱小镇研究院申请一个研究课题啦!

(2) 填写课题申报表

学生可以从班主任老师那里获得一份研究院课题申报表,填写申请研究的课题的基本情况。内容包括发现的问题、探究和解决问题的方法和预计研究成果。

(3) 申报审核

蓬莱小镇研究院的导师志愿者团队和小镇工作委员会将根据申报表的填写情况对申请进行审核。

(4) 课题研究

如果项目成功立项,那么将会有一位甚至几位志愿者导师带领学生研究者一起开展过程研究直到结题。目前,共有42位家长志愿者和31位教师志愿者加入到了"小镇研究院"志愿者导师团,支持小镇民的"科学梦"!

(5) 解决问题

对研究内容进行系统分析和总结后,小研究者将完成自己的研究报告,魔法小书店也欢迎小研究员用手写书的方式将研究报告呈现出来。

2. 小镇研究院的成果

小镇研究院目前已有"垃圾分类里的经济学""本市小学生感冒用药情况调查与分析"等19个课题立项研究,16个课题已结题,22名学生成为课题研究者。

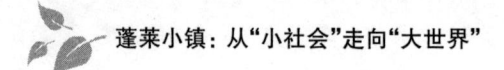

小镇研究院立项的课题一览表

课题编号	课 题 名 称	申请人	导 师
2019001	垃圾分类里的经济学	卢祈安 戴子程 顾欣宇	倪 欢
2019002	为什么植物的叶子会变色？	童赛闻	戴瀚闻
2019003	纸飞机能飞多远？	林星宇	瞿明珠
2019004	公园内与马路边瓜子黄杨气孔指数的比较研究	孙 瑞	孙 琳
2019005	本市小学生感冒用药情况调查与分析	胡凯文	张 欢
2019006	上海建筑文化——石库门的历史变迁	周易兴	胡 莹
2019007	"小冰箱储藏大学问"——家用冰箱储藏问题的探究	赵丁毅 邬一博	范 瑛
2019008	从"沪商文化"看"一带一路"	范亦苏	周冰倩
2020001	基于计算机对小学生午餐偏好的研究分析	谭钧磊	闫媛媛
2020002	萌萌熊童子植物的种植研究	张承则	孔宁馨
2020003	关于优化蓬莱路二小周边道路早高峰送校安全通行的对策研究	戴嘉豪	余 桐
2020004	校园里的花花草草如何助力我们健康成长	刘世辰	孙 琳
2021001	大自然色彩的加减法	朱宁玮	庄沐凡
2021002	本校一年级小朋友书包重量调查	沈梓妍	闫媛媛

（二）小镇体育公园

在某些地图 App 上，我们可以查到"蓬莱小镇体育公园"的字样，它就坐落在我们蓬莱路第二小学总校区的操场上。小学校园里怎么会有公园呢？其实，这是学校继"蓬莱小镇"魔法小书店、科学研究院、媒体中心、巴士午间乐园、气象台之后又一个小镇民们放飞梦想、自由创意的个性化成长空间。

2020年9月21日，学校操场入口竖起了"蓬莱小镇体育公园"的梦幻大门，小镇的体育公园正式揭幕启用。在孩子们的心里，学校的操场已不再是普通的操场，因为它每天中午会变身为"体育公园"，和大部分公园一样，小镇民可凭票进入，还可以按规则自由借用器材，自由享受活动的快乐。两年来，"蓬莱小镇体育公园"的启用使午间操场获得最大限度的使用。

1. 有限空间 无限延展

1 500多名学生，40个教学班，然而学校占地面积仅11亩，操场仅2 800平方米。地处上海市中心老城厢的蓬莱路二小空间很有限，因此学校的操场被最大化地使用，操场上每一节课都被排满。如何延展有限的空间，让学生充分地参与体育运动呢？我们发现每天午休时间操场相对比较空，能否利用午餐半小时以后到下午上课之前的30分钟鼓励学生参与运动呢？学校体育组历经近一年的策划和准备，基于小镇情境在操场上打造了一个"体育公园"。体育公园设有多个区域，包括器材借用区、四个自由活动区等。器材借用区开架式分类摆放着各种游戏活动设备，包括呼啦圈、皮筋、跳绳、毽子、球拍等，以及可自由组合和自创的游戏设备，其中几十辆整齐摆放成一排、挂有车牌的"小镇共享单车"（平衡车）特别引人注目。器材借用区以外还有四个活动区，供学生分年级自由活动，区域之间有步行通道和骑行通道。有限的空间在小镇情境中经过规划获得延展，给予学生更充分的身心锻炼的时空。

2. 体育公园 五育乐园

"蓬莱小镇"体育公园的诞生，从时间和空间上很大程度地提升了学生体育运动的积极性和参与度，同时它还为学生德育、智育、美育、劳育的协同发展提供了真实的情境和场景,使体育公园的活动中实现五育融合变得可能。

第一,体育公园让规则教育随时发生。学生检票后进入体育公园,从排队借用自己喜好的器材开始,规则教育无处不在,如使用器材要爱护、分享器材合作游戏、用完器材原处归还等过程都在无痕中培育学生的规则意识、诚实守信,友爱谦让等良好品质。同时身穿工作人员背心的检票志愿者、安全引导志愿者、器材借用区志愿者等岗位的学生都在志愿服务中体会服务他人、锻炼自我的快乐。

第二,体育公园中项目学习随时发生。体育公园的真实场景让学生们在活动中产生了很多真实的问题:如何规划各班活动的场次?疫情期间如何有效地给活动器材消毒?能否设计一个多功能的器材放置架?如何记录同学们在体育公园运动时的心率?自创一项新型的体育公园游戏,开发一款刷卡借用器材的App……这些问题源于体育公园活动场景,也化作学生项目化学习的初始问题,引领他们分组合作探讨、研究和发现。

第三,体育公园也是美育和劳育的乐园。体育公园是"蓬莱小镇"的一部分,是每个小镇民共同的家园,每个人都有责任参与建设和维护。比如设计体育公园门票、创编体育公园之歌、手绘体育公园地图、装饰美化体育公园等活动都是美的教育;整理、摆放、清洁和消毒运动器材、擦拭修理共享单车、捡拾落叶垃圾、校内春秋游活动时在体育公园扎帐篷都是劳动体验。

开放校园运动环境、开放校园运动器材、开放的活动方式、开放的人际交往、开放的监督管理,利用"蓬莱小镇"体育公园平台,学生不但参与游戏,还要尝试创新、创造游戏,把他们所想变成现实,而且还参与到体育公园中的管理、记录、整理、裁判等工作中,在情境中体验,在体验中享受快乐运动。他们将在"体育公园"中享受运动的快乐,学习与他人相处的方式,寻找解决问题的途径,在自由活动中点燃希望,收获成长。

3. 智能管理 智慧评价

如何记录学生参与体育公园活动的数据并充分利用数据了解、评价和指导学生？在"蓬莱小镇"体育公园正式运转后，我们着手尝试关联学校已有的信息化平台，借助学生已有的银行卡（信息化积分卡）实现智能管理和智慧评价。

（1）积累数据

学校在原有信息化即时评价系统的基础上开发了"蓬莱小镇"体育公园器材借用 App。App 内含各类活动器材的增减功能，体育组可以根据现有器材以图片和文字介绍的方式录入数据；此款 App 还有借用和归还记录功能，学生可以使用原有的银行卡实现刷卡借用和刷卡归还。信息化借用归还提升了运动器材借用的效率，也能有效防止或减少运动器材的流失和损坏。

与此同时，我们继续在体育公园时间使用原有的"课堂学习即时评价系统"App，系统通过学生持有的银行卡和教师的手持式终端，实现教师对学生实时刷卡积分的评价。根据每一名小镇民在活动中的活跃度、遵守规则、合作谦让等表现，教师可以对学生进行不同评价维度的即时积分奖励。

（2）使用数据

"蓬莱小镇"体育公园器材借用 App 和即时评价 App 记录的数据有很重要的意义和价值。首先，每日累计记录学生活动器材借用的数据可以进行大数据的分析。通过数据分析，我们可以掌握哪些运动器材更受学生的欢迎，可以了解男女生对不同运动器材的倾向，这些数据可以指导学校有针对性购置运动器材，减少器材的闲置；通过数据分析，我们还可以获得每个学生的运动频次和运动偏好以及体育公园活动场景中的规则意识等其他相关数据，这些数据可以和"好朋友"老师的信息化平台关联，便于导师、班主任更全面地了解学生的情况，从而走近贴近学生，以及给予必要的指导和干预。

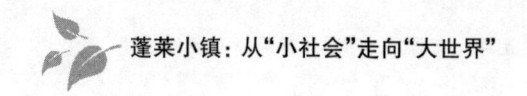

第五节　协同育人的家校社联动

近年来，学校整合"蓬莱小镇"资源，以稳定的家、校、社三方合作机制为基础，以完善的制度和队伍为保障，以"多实践、重体验"为抓手，实施开展家庭教育，提升工作品质，丰富育人内涵，促家校互动共进。

一、家校合作共育的保障条件

（一）学校统筹规划

我校的家庭教育工作设立了明确的目标规划，构建了较为完善的组织机构，优化了人、财、物的投入和保障。长期以来，在学校章程修订完善过程中，明确了家、校、社三位一体的家庭教育指导工作模式与组织、管理、实施途径，凸显了家庭教育指导的重要性。遵循民主、公开、自愿的原则，保障家长对学校办学活动的管理行为的知情权、参与权和监督权，使得学校家庭教育指导工作发展有章可依，依法依规开展。

《黄浦区蓬莱路第二小学"十三五"发展规划》中提出"要构建共同面向儿童未来发展的家长学校课程"，并为实施家校合作的目标、任务和具体措施有序地推进提出了细化的要求，确保家庭教育指导工作落地执行。在学校整体工作计划中也将家庭教育列为重点工作内容，提出要"充分有效发挥家长志愿者的作用，形成合力共同促进学校的管理。完善校级、年级、班级三级家委会，根据各年级学生特点，形成比较完善的家长学校课程内容。完善'义工妈妈'管理机制，做好相关意见的每周梳理和反馈工作"。

（二）完善工作机制

学校建立由书记、校长负责、多方参与的家庭教育领导小组。协调、统筹、决策学校家庭教育工作及发展方向。同时,学校不断完善学校家庭教育工作的相关规章制度。家庭教育相关机制的建立和不断完善让我校的家庭教育工作有章可循,且平稳有序地开展。依照制度,学校构建了家庭教育指导组织网络。

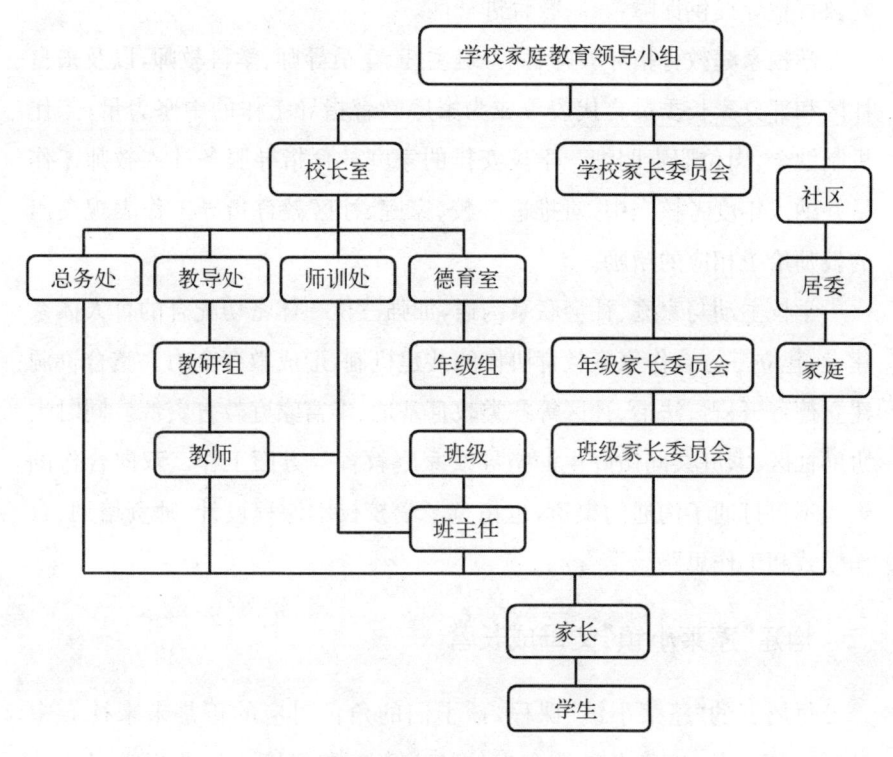

学校家庭教育指导组织网络

在日常家长教育指导工作中,学校形成了各职能部门、社区负责家庭教育部门和各级家委会相互配合、相互支持的联合工作机制。总务处为家庭教育工作运行提供了场地、物资和经费等后勤保障;教导处负责协调各学科教师做好家庭教育指导工作,尤其是入学和升学政策咨询宣讲;师训处负责教师家庭教育师资和培训等管理工作;德育室负责协调家庭教育指导工作,以及制订家长学校的各项计划和规章制度并认真督促、检查,在习惯养成、行为规范和身心发展等家长指导工作上给予支持。各级家委会有知情权、参与权和监督权,组织家长积极参与学校、社区的各类家庭教育活动,根据家长学校授课情况,提交相关建议和要求。校外社区家庭工作小组负责协调整合辖区内的家庭教育资源;为学校服务社区家庭教育指导提供保障,家庭教育进社区。

学校家庭教育指导教师、优秀班主任、全员导师、学科教师,以及来自社区和部分家长委员会代表等成为家庭教育指导工作的中坚力量,工作机制健全、岗位职责明细。学校安排的家庭教育指导服务计入教师工作量并纳入年度考核当中,对推进学校、家庭、社区教育指导工作表现突出的教师给予相应的激励。

学校主动与家庭、社会联系沟通,加强三位一体密切配合的育人体系建设,建立三方合作家庭教育协作的共建机制,形成教育合力。整合资源建立德育、科普、法治、社区等各类教育基地,丰富家庭教育资源。同时也协助社区、家庭共同做好生涯指导及家庭教育等方面工作。双向合作的模式不仅打通了沟通的渠道,也拓宽了学校校本课程设计、师资培训、合作模式和工作思路。

二、构建"蓬莱小镇"父母成长营

每周五的"蓬莱小镇"课程,孩子们的角色对应的正是未来社会中的"公民"角色,培养未来社会人的核心素养在情境化的课程学习活动中无痕渗透。根据未来社会人的核心素养习得过程具有综合性和整体性的特点,我们尝试打破"小镇"和真实社会的壁垒,打破学校和家庭的壁垒,研究让"小镇"课程元素走进家庭教育。让家校共育,营造一种平等的和谐的育人情境、自由钻研的探索环境和个性发展的成长空间,孩子在学校和家长的引领下无痕浸润在学会自主学习、拥有健康身心、积极实践创新、担当社会责任等核心素养习得的过程中。因此学校决定打造一个个性化的、适应时代发展的家庭教育指导课程——"小镇父母成长营"。

"成长营"是指某些人为了共同的目标集结在一起通过系统的学习、体验，提升自我走向成熟的地方。我校的"小镇父母成长营"是在家校共育的理念下整合蓬莱小镇资源为家长更新家庭教育理念、提供家庭教育指导服务、提升家庭教育能力的成长营，目标是共育未来社会人。著名的教育学家苏霍姆林斯基曾经说："只有家庭教育的学校教育或只有学校教育的家庭教育，都不可能完成培养人这样一个极其艰巨而复杂的任务。"孩子是家庭的希望，是祖国的未来。只有家校合力，才能完美地实现孩子的培养目标。我们通过"小镇父母成长营"这一平台的搭建，旨在将育未来社会人的理念从学校延伸至家庭，家校合力培养一批既守规则又有个性的小小未来社会人。

（一）"小镇父母成长营"课程内容

根据家长调查问卷、家委会座谈梳理出来的家庭教育需求，结合学校的育未来社会人的目标，我们创设了"小镇父母成长营"课程，指导家长培养孩子认识自我、了解社会、发现未来，成为未来更好的自己。课程分为两个模块：

1. 基础型课程

（1）家长慕课基础课程

基础课程也就是公共课，基本的功能是面向全体，普及儿童成长基本规律，掌握家庭教育基本常识。我们学校为每位家长都购买了网上家庭教育慕课平台的课程，根据学校培养未来社会人路径我们分了"认识自我""了解社会""发现未来"三个模块的学习内容，结合慕课资源推荐一些优秀的课程供家长参考学习，作为必修课程鼓励家长坚持在线打卡学习家庭教育的知识和技能，家长也可在此基础上拓展学习，学校可以通过后台获悉家长的学习情况。比如，一年级的家长必修的课程内容如下表：

学校一年级家长必修课程内容

模块内容	家庭教育指导目标	课 程 推 荐
认识自我	指导家长帮助孩子养成良好的学习和生活习惯	幼升小入学准备攻略 要给孩子培养这些文明习惯 家长须知的小学生常见疾病及预防常识
了解社会	指导家长让孩子学会关心、亲子共守诚信、培养孩子的责任心	让孩子学会宽容 通过讲故事增强孩子的诚信意识 "说到做到"真的很重要
发现未来	指导家长做孩子快乐的玩伴,在社会实践中开阔眼界、增长阅历	怎样培养孩子的审美观 亲子共同参与社会实践 大自然的秘密

(2) 行规主题家庭教育指导课程

多年来,蓬二小一直在做个性教育的研究,随着实践和研究的深入,我们发现个性饱满的学生往往表现出不能很好地遵守规则,而遵守规则又有个性,是未来社会对每个人的要求。在家庭教育的过程中家长会面临这样的困惑,如何配合学校一起培养守规则懂礼仪的未来社会人呢?为了更好地做好家校共育,学校开设了相应的行规主题家庭教育指导课程,解决家长迫切需求解决的难题,此类课程基于学校蓬莱小镇情境中"守规则、懂礼仪"行规主题活动,面向的是所有家长,具有普适性(见下表),家长不仅可以通过学校开设的主题讲座进行学习,还可以通过登录网上家庭教育慕课选取和主题相关的讲座进行辅助学习,线上线下两种不同的授课形式满足了家长的需求、丰富了课程的内容。

除此之外,我们还根据行规主题创编了适宜亲子共同阅读的系列主题绘本,绘本以"蓬蓬""莱莱"为主角通过小故事提出校园和生活中的具体行规要求。在亲子阅读中家长引导孩子融入绘本情境,进行自我对照,变"要我做"为"我要做",小小未来社会人的核心素养无形渗透在快乐的亲子阅读时间,亲子同学习促成长。

"守规则、懂礼仪"行规主题活动相关内容

学生行规教育主题	1. 我们微微笑 2. 物品的管理	1. 我们爱劳动 2. 时间的管理	1. 我们轻轻地 2. 举止的管理	1. 我们会谦让 2. 情绪的管理	1. 我们长大了 2. 语言的管理
家长行规指导课程	一年级的宝爸宝妈	培养家庭好习惯	打造美好的"自我"	智慧家长的沟通技巧	对话青春期
亲子绘本阅读	《让我们微微笑》《我是一年级小学生》	《蓬蓬莱莱戴上绿领巾》	《让我们轻轻地……》	《我们会谦让》	《我们会管理》

通过课程，家长了解并认同学校育人的理念，和孩子一起共成长，家校形成合力育"守规则、懂礼仪"的未来社会人。

2. 实践型课程

这门课程中，我们将"蓬莱小镇"课程里职业体验的活动内容从学校拓展延伸至家庭，挖掘了小镇部分课程的内容与家庭教育指导相结合，设计了相应的亲子实践课程活动任务单。任务单上半部分是给孩子和家长的任务项目，下半部分是给家长的指导建议，指导家长高质量地陪伴孩子"玩中学"，在未来社会人的培养、在行为规范的养成上和孩子一起实践。家长可以自由选修适合的主题课程，结合第一模块基础课程里学到的知识进行实践，不断探索适合自己孩子的育人模式。

蕴含"小镇元素"的亲子实践课程，显性的部分指向整合"蓬莱小镇"课程的内容和习得的知识技能，隐性的部分指向"蓬莱小镇"课程的育人理念和模式：关注情境中学习，重实践体验，关注非智力因素评价，德智体美劳"五育"并举，培育具备核心素养的小小未来社会人。比如，"我与自己"板块中的"亲子创意美发"课程，任务单上罗列了家长和孩子须共同完成的几项任务：

(1) 孩子主动为家里的成员设计一款发型，无论男女都可以。

(2) 女生坚持每天自己梳头，男生坚持每天帮长辈梳一梳头。

(3) 互相夸一夸，欣赏对方。

(4) 请孩子为家长讲一讲护发的小知识。

(5) 请家长讲一讲和头发相关的趣事(如第一次理发等)。

每完成一项亲子任务后在相应的空格栏里打钩,家长还可以在实践活动记录栏里用简单的话语或照片记录实践心得。任务单的下方是"实践小贴士",指导家长鼓励孩子做到坚持,培养意志力。

亲子实践课程让"蓬莱小镇"元素走进家庭教育,让小镇课程的理念改变家长的育儿理念,围绕培养未来社会人的发展目标,在家庭教育中也能促学生德智体美劳全面发展,形成"五育"并举的家校协作育人的格局。实践活动课程中,我们引导家长成为家庭教育的探索者和实践者,鼓励家长"蹲下来",站在孩子的视角,关注孩子所关注的,发现孩子所发现的,培养孩子自我管理、解决问题等适应未来社会发展的综合能力。

学校的亲子实践课程

亲子实践课程	课程目标	小镇课程资源
家庭首席安全官 亲子创意美发 沪语大比拼	指导家长培养孩子正确认识自我、敢于展现和挑战自我的素养	红色消防局、红星警察局 小镇美发厅 沪语小学堂
蓬蓬莱莱去旅行 中华小当家 亲子小游戏	指导家长帮助孩子认识和探究社会,培养未来社会人的规则意识和合作分享意识	远游旅行社、星星邮电局、咔嚓照相馆 美味中餐馆、便利小超市、每日鲜菜场、五星西餐馆 游戏小弄堂、趣味棋牌社、魔方体验店、镇健身中心
红包变灯笼 理财小达人 博物馆之旅	指导家长带领孩子拓宽视野,培养孩子发现问题、提出问题和创造性解决问题的核心素养	镇环保中心 小算盘银行 恐龙博物馆、历史博物馆

(二)"小镇父母成长营"的实施

1. 引导家长明确育儿主体责任,正确把握课程理念

如前苏联教育家苏霍姆林斯基指出的:"只有学校和家庭一致行动,

才能实现儿童和谐全面的发展。"在"小镇父母成长营"里,我们定期推荐一些家庭教育刊物和读本供家长自主学习,提供课程资源与家长共享,引导家长按学生的个性发展选用适宜的家庭教育课程,通过习得的育未来社会人的正确方法来激励孩子在实践体验中形成核心素养。

在课程推进的过程中,我们发现有一部分家长通过课程学习和探究,形成一些颇有成效的育儿方法,于是学校鼓励家长结合"小镇父母成长营"课程尝试写一些案例和经验总结,并在家长沙龙、家长公众号等平台互相交流。总结心得的过程是家长逐步从一个被动参与者转变成主动建构者的过程,同时对更多家长起到鼓励和引导的意义。

2. 创新管理新机制,保障课程实施

学校教育、家庭教育、社会教育是现代教育的三个重要的组成部分。"小镇父母成长营"课程如果仅依靠于校方单方面规划、实施、指导、管理是远远不够的。我们发现学校有一群全职妈妈,她们普遍高学历、高素养、有爱心,且热衷志愿服务。何不让这群全职妈妈参与到学校的管理中来呢?于是2015年,"小镇父母成长营"中多了一群"义工妈妈"的加入。

在实施过程中,我们细化"义工妈妈"的工作内容,让"义工妈妈"真正参与到家庭教育课程的管理和评价当中,下马观花近距离督导课程活动,协助学校开展家长意向和需求调查,每年定期组织家长学校,开展家庭教育咨询,开办家庭教育论坛、教育沙龙等活动。协助家委会加强家校联系,使家庭教育与学校教育同步协调发展。除此之外,每年我们还推荐"义工妈妈"负责人参加区级的心理健康和家庭教育的培训,学校还邀请部分具有丰富家庭教育理论和实践经验的专家对"义工妈妈"进行家庭教育集中培训,帮助"义工妈妈"更新德育和育儿观念。

三、创建"小镇民实习基地"

学校为学生打造了仿真小社会"蓬莱小镇",学生在小社会人角色体验中感悟社会规则,学习社会交往,参与社会劳动,明确社会责任;走出学校,我校建立了"小镇父母成长营",引导家长逐步理解和认同学校的育人理念,并通过成长营的学习为学生打造一个小社会式的家庭氛围。在学校和家庭所营造的社会情境中学到的本领还需要在真实的社会中去检验,因此打破学校、家庭和社会的壁垒尤为重要。

2014年起,学校通过参与社会活动打造校社互动、共同培育学生未来社会人素养的有效载体,小镇课程首次打破校社壁垒,走出"小镇"走向真实的社会。在南京路设摊为民提供公益服务的志愿者群体中,有一群最小的孩子,那就是来自我们"蓬莱小镇"的小镇民。"红色消防局"课程的孩子们用"蓬莱小镇"课程中学到的本领宣传消防安全知识,演示灭火器使用的方法,散发自己手绘的消防安全宣传单;"创意发饰店"课程的学生现场教路人手工制作可爱的小发饰和小胸针,把美丽和美好带给更多的人。

在2014年试运作的基础上,2015年起学校为在"魔法小书店"出版手写手绘书的孩子打造了校外新书发布的平台。截至2020年新冠肺炎疫情前,有80多名小作者通过这个平台带着自己的书作走出学校,来到黄浦区七色花小学、崇明区实验小学、嘉定区真新小学、上海市包玉刚学校等十余所学校,通过作家见面会、新书签"售"会等形式向同龄小伙伴分享自己的写作经历,推介自己的新书。在与陌生读者见面的过程中,孩子们学习倾听理解的同时也学习交流表达,更重要的是在校外新书发布的活动组织推进的过程中,孩子们收获了很多问题解决的真实体验,如"怎么设摊摆放我的书更吸引读者?""如何设计我的书作宣传版面?""如何设计我的作家签名?""如何大方自然地向陌生人介绍我的书?"等等。在真实社会真实问题情境中,孩子们解决各种问题的能力得到提升。

2016年起,学校陆续开发了包括上海电视台、上海市城建院、和平眼科医院、老西门派出所、大富贵饭店在内的近20家"蓬莱小镇"小镇民实习基地。选修相关课程的"小镇民"们每学期都会有一次"出差"的机会,走进真实社会检验学到的本领,或者通过外请专业人士进校。孩子们在邮局发现一封信的旅途,在派出所探究这个街道的监控探头,在消防局体验高空多层逃生……以 2019 年第一学期为例,"出差"活动 23 次,参与"出差"活动的小镇民近 700 人次。在"蓬莱小镇"小镇民实习基地孩子们获得了校内学习无法体验的经历,打通学校和社会的尝试,使学生的综合能力获得了提升。

小镇民实习基地牌

2019 学年第一学期蓬莱小镇"小镇民实习基地"活动安排

	蓬莱小镇实习基地单位	对接小镇课程	联系人	第一次活动	第二次活动
1	上海市城市建设设计研究总院	建筑设计院	陆老师	9 月 27 日	无
2	黄浦邮政思南路支行	星星邮电局	贾老师	9 月 27 日	12 月 20 日
3	华联吉买盛大兴街店	便利小超市	顾老师	10 月 11 日（校内）	12 月 6 日
4	上海大富贵酒楼有限公司	美味中餐厅	黄老师	9 月 29 日（校内）	11 月 29 日（校内）
5	中建八局总承包公司	建筑设计院	陆老师	无	11 月 22 日
6	Dave's Custom Tailoring	服装设计室	王老师	10 月 11 日	12 月 6 日
7	上海电视台第一财经频道	星光电视台	王老师	11 月 1 日（校内）	12 月 27 日

续表

	蓬莱小镇实习基地单位	对接小镇课程	联系人	第一次活动	第二次活动
8	中国工商银行中华路支行	小算盘银行	陈老师	9月27日	12月13日
9	上海曙康口腔门诊部	牙病防治所	黄老师	10月25日	12月20日
10	上海和平眼科医院	五官科医院	毛老师	9月27日（校内）	12月20日
11	黄浦公安消防支队复兴中队	红色消防局	陈老师	10月18日	12月6日
12	黄浦公安分局老西门派出所	红星警察局	梅老师	10月25日	12月20日
13	上海文庙管理处	茶艺工作坊	陈老师	10月11日	12月6日
14	上海科技馆	电子实验室	徐老师	10月18日	12月13日
15	上海自然博物馆	恐龙博物馆	陶老师	10月25日	12月13日
16	童年智造文化传播有限公司	布艺玩具店	冯老师	10月11日	12月20日

【学生记事本】

"出差"有感

上周五,第三社区"镇航空公司"的小镇民到中华职校出差了！有几个出差回来的小镇民还写了"出差有感"投递给微信公众平台。让我们一起来分享他们的经历吧！

我的出差小发现

爸爸妈妈因为工作关系经常坐飞机到外地出差,每次我都很纳闷：出差到底是什么感觉呢？终于,今天我们小镇航空公司的小空姐和小飞行员也要"出差"啦！

午饭后,我们换上神气的空乘制服列队出发啦!来到中华职业学校,漂亮的空姐老师正在机舱口等着我们。登上空客 A320 模拟机舱,我的眼前一亮,这里和真的飞机一模一样!根据登机牌,我找到了自己的座位 6F。告诉你一个"小秘密",如果你喜欢看风景的话,那 A 和 F 这两个靠窗的座位是最佳选择!在白天飞行的时候你可以拥抱蓝天白云,在夜晚飞行的时候你可以触摸璀璨星辰,那感觉真是美妙极了!

空姐老师随机抽取了八个小伙伴,四个体验机舱广播,四个体验客舱服务。虽然没被抽到稍有遗憾,但我也学到了不少"小窍门":客舱广播时要声音柔和、口齿清晰,特别是要提醒乘客系好安全带;送餐服务时要注意礼貌用语,向乘客介绍饮料的种类,做到亲切自然,微笑服务!最后,空姐老师还送给我们一个"小福利":彩色的空乘丝巾。只见丝巾在空姐老师手里一折一甩一拉,一朵漂亮的玫瑰花就绽放了!

今天的"出差"让我实现了从小不点乘客到乘务人员的华丽转身,是从简单认知到亲身实践的美好体验,真是一次难忘的经历!

(陶隽珉)

【学生记事本】

今天我出差

今天,窗外下着淅淅沥沥的小雨,可是我们小镇航空公司的社员有个"出差"的任务,去中华职校体验模拟客舱。

作为一名"吃货",我最感兴趣的就是机舱服务。特别有意思的是,这次为我们提供服务的就是幸运被选中的小社员。我可真羡慕她啊,真的可以变身为"小空姐"。只见"小空姐"在空姐姐姐的指导下,像模像样地推着饮料车为我们介绍飞机客舱中提供的各色饮料,有清凉爽口的雪碧,有维 C 多多的橙汁,有回味无穷的咖啡……那么多的选择,真想都尝尝。当"小空姐"笑容可掬地问我:"What do you want?"我最后扫视了一下小推车,我说:"l want coffee."她小心翼翼地为我倒上一杯咖啡,递到我手中。我双手接过咖啡,喝了一小口,那滋味真是让人意犹未尽。我想:我觉得咖啡这样美味,更是因为"小空姐"亲切的服务,让我感觉到宾至如归。

那天,所有的男孩都和我一样羡慕女孩子,因为她们可以得到一条空姐丝巾,空姐姐姐会教她们怎样系好看的空乘丝巾。这丝巾系起来可不容易,左打一个结,右打一个结,看得我眼花缭乱。过不多久,丝巾在她们手中像变魔术似的系好了。我们社团的"小空姐"们因为有了丝巾的衬托,显得更有精神,更漂亮了。

这次参观体验让我受益匪浅,在有趣的体验过程中,学到了不少知识,更激发了我强烈探索航空奥秘的兴趣。作为一个男孩,我希望今后可以到驾驶舱一探究竟,毕竟,驾驶飞机,翱翔蓝天,是我们男孩的梦想吧。

(叶佳宏)

第六章
价值："蓬莱小镇"建设的成效与启示

近十年来，学校以"蓬莱小镇"课程的研究与实践为着力点和生长点。如果说根据学生的兴趣爱好开发的主题式综合课程是"蓬莱小镇"课程的 1.0 版，根据学校办学理念、培养目标并融入学生的发展核心素养是"蓬莱小镇"课程的 2.0 版，那么，将小镇元素融入学校的整体发展中，由小镇课程的推进带动学校整体发展，即"蓬莱小镇"特色课程的 3.0 版。"蓬莱小镇"课程的研究与实践让学生获得个性化发展，让教师获得专业化发展，让学校呈现特色化发展。

在新时代、新形势、新任务的背景下，学校教育要走出瓶颈、走入优质、走向希望，"蓬莱小镇"在"通"字上做文章，开辟了通向教育的诗与远方的"漫漫长路"，架设了攀登办学高峰的"脚手架"，其蕴含的价值也带给我们启示和思考。

第一节 学校与社会的打通

优质教育，是当代教育的基本取向，也是学校办学的追求。学校与社会打通，正是打通实现优质教育的"最后一公里"。

一、优质教育的共同属性：通

何谓优质教育，也许各有其说，但无论哪种类型、哪个层面、哪种阶段的教育，究其优质性，可以赋予很多的定性和概念，但万变不离其宗，即一个"通"字。

优质教育的"通"：通过去、通现在、通未来，这是贯通时间；通学校、通家庭、通社会、通国家、通世界，这是贯通空间；通教育、通文化、通科学、通艺术、通美育、通劳育，这是贯通领域……可以说，教育就是通往未来。既然教育是通向未来的，办学就要有通透的使命和愿景，以及基于此的具体行动。

二、学校的生命力在于：通

学校作为办教育的最基本的载体，已经存在了好长时间。从私塾到规模学校，其基本特征在时代变化和科学昌明、技术进步中不断刷新着"面貌"。

开放办学，已成为共识。学校虽然有围墙，但不能阻断与社会的联系，且这种联系是学校永葆青春的"源泉"。学校传授的知识和技能，都是社会积淀的产物和结晶，学校赖以生存的正是这些知识、经验、技能的"社会性"。而开放办学，就有了学校是社会一部分的认同感，也就有了办学的底气。把校门打开，每一名学生都是一名社会小公民，不需要切换身份的"蓬莱小镇"打破也是打通了学校和社会的边界，是"通"的写真和纪实。

开明办学，已成为共举。学校的开明，更多地表现为民主，老师学生都是这个小社会的一员，身份都是"蓬莱小镇"的镇民，因此他们之间的关系亦师亦友，民主和谐。民主，是开明办学直接的打开方式，也是开明办学的最近路程。开明办学，正是"通"的前提和条件。

开拓办学，已成为共事。学校的占地面积，可能永远是一个相对狭小的概念，但办学不能停留在眼前的一块地皮上，要有把校外当作办学的延伸之地、把社会和世界当作办学的视野的胸怀。视野越开阔，可以突破面积的局限，可以拓宽施展才华的空间。开拓办学，正是"通"的格局和未来。

三、学校与社会的最重要关系：通

学校与社会，尽管因为场域、功能和人员等不同，有了显著的标志和区分的界线，但从严格意义上说，学校是社会的一分子，是社会不可或缺的。当然，学校有其特定的属性和行事方式，但不可能脱离社会而存在，只是学校在处理与社会关系时，有时因各种原因而误解而失衡了。

而"蓬莱小镇"打通了与社会的连接：先是引入"小社会"，后是在校外建立近20个小镇民实习基地，再建立家长志愿者、行业杰出人物为代表的"社会人"教育团队，这样人员通、资源通、思想通、意识通，让"通"成为优质教育的"渠道"。

实践证明，开放、开明、开阔的教育必须在社会的环境中实现。学校与社会的打通，也许对优质教育具有一定的建树价值。我们认为，"蓬莱小镇"近十年的实践也许就是一个典型的案例，它是符合社会发展方向的教育，是学校教育与社会教育融为一体的教育。学校与社会打通了，学校的办学理念和育人目标也许就能最大化地实现。

第二节　理念与实践的联通

现代学校的成就，必须是理念与实践的联通。"蓬莱小镇"的诞生，是现代教育理念下的我们着眼于未来学校的思考和实践，也是学校面向教育现代化的一次尝试。

一、现代学校的指向

现代学校，重要的是在于现代，落脚则在学校。走向现代学校，是走向新时代的客观要求，也是完成新任务的必需准备。作为现代学校，要具有灵魂、灵性和灵动。至少有这样一些指向：

一是办学理念、育人目标的时代性。一定的办学理念,最后归纳为一句话或几句话,但意思不凡。我校"在这里,我们发现未来"的办学理念表述简洁、通俗易懂,但清澈地流露出办学的思想和情怀。进入21世纪,世界变化之大,格局变化之巨,对学校的办学带来了严峻的考验,墨守成规已没有出路,安逸守旧也没有前景,要以宏观的定力为现代学校把舵。所谓时代性,就是要把握趋势和走向。

二是课程设置、课程实施的科学性。学校教育的最大载体在于课程,学校教学的最强生命在于课堂,这是教育工作者的共识。作为现代学校,一定会表现出课程能适应每一个学生的发展,或者尽一切可能地满足这种需求。学习,是很个性化的,没有统一或必需的模式,学习的发生有条件也不唯条件。而对现代学校来说,课程设置的全面性、关键性,课程实施的针对性、有效性,是其基本特征。"蓬莱小镇"的课程,最大的亮点在于为学生所喜欢、为学生所运用,为学生成长所受用。

三是师生关系、校内外关系的和谐。师生关系,是学校关系的最典型性反映,也是学校文化的折射;校内外关系,是学校地位的间接体现,也是学校形象的生态。"蓬莱小镇"所带来的一连串的正能量、正效应,无不显示出校内师生关系的和谐,以及校外社会关系的合力,从而形成了办学的凝聚力。

二、现代学校的形成需要培育大局

现代学校的打造是一个过程,是从理念到培育的过程。而理念到培育的联通,是使现代学校从蓝图变为现实、从愿景化成事实的道路,联通起着转变、转型、转化的作用。

"蓬莱小镇"的成功打造,不仅优化了课程,提升了课程领导力,推进了教学,推动了学校发展,而且将现代学校的打造,从无形变为有形,从隐性变为显性,让人看到了小学教育的"优质版"和"时代版"。

现代学校从理念到培育的联通,学校通过"蓬莱小镇",做了有益的尝

试和探索,主要表现在:

一是以"引"联通,让现代学校的培育有载体。现代学校,可能并不在于单纯的占地面积的"现代",而是在于教育理念的"现代"、教育思路的"现代"、教育选择的"现代",而"引"则是一条联通之道。蓬二小学引入"小社会",不是简单的社会岗位的"位移",而引入了现代学校必须与社会连接的概念并加以实践。引,是一条道,无限伸向远方,可以引社会,引世界,引互联网,引一切正在出现或可能出现的新事物。在现代学校理念与培育间,引向联通正是现代教育的新思维。

二是以"小"联通,让现代学校的培育有入手。在教育上,其实无所谓大、小事,关键还是在于有意义,而从"小"入手,虽然切入口小,但发展前景大。"蓬莱小镇"的课程及其活动,被冠以"小",一是符合"小社会"的特性,二是符合"小学生"的特点,三是符合"小立意"的特色,"小"成了具有爆发性能量的开端。在现代学校培育中,由小的积淀走向全的大局,正是一条可实现的途径。关键是方向正确。小,是可持续、可发展的能动力量。

三是以"融"联通,让现代学校的培育有方略。融,对教育而言,是头脑发达,是手臂延长,是双脚灵活。融,也是哲学思维、逻辑成立、法则通用。学校在开发"蓬莱小镇"的过程中,将小镇元素融入德育工作、课程建设、课堂教学、作业设计,盘活了全校一盘棋,同时在管理体制、运作机制、用人建制上迁移,取得了多赢的效果。这样就通过"融"的联通,将现代学校的培育变为"看得见""摸得着"的实实在在。在现代学校的培育中,"融"的思维将教育的功能增强,提升教育的能见度。

第三节 育人与育才的贯通

全面发展,是党的教育方针,德智体美劳"五育并举",核心素养全面发展,是新时代培养社会主义事业建设者和接班人的关键要义。"蓬莱小镇"的历程和过程表明,全面发展必须注重育人与育才的贯通。

一、面向全体学生的全面发展

全面发展,是针对学生成长而言,要求通过学校教育让学生获得德智体美劳全面发展。全面发展,既是学生成长的目标,也是学生成长的过程。既对眼下的学习而言,也是未来发展所需。全面发展,也指全体学生的发展,在注重学生个体发展的同时,关注全体学生的共同发展。

对全面发展的理解,我们蓬二人有着比较理性的自觉。"蓬莱小镇"最初的创建,就是基于面向全体学生的理念,服务和惠及的是全体学生。所以它有别于面向部分学生的兴趣课程、社团课程等,作为课表内的拓展型课程,"蓬莱小镇"是要求每一个学生都要参与、能参与的校本特色课程。当然,学生的参与是基于学生个性化的选择,这也就决定了全体学生能够通过五年小社会情境的浸润,在不同的课程学习中共同收获自我认识和自我管理能力、认识社会和探索自然的能力,以及创新发现和规划未来的能力的综合提升。

二、育人与育才是统一贯通的

教育的目的,就是育人,教育的功能,就是育才。育人与育才的统一,是社会主义教育观的集中体现。为党育人,为国育才,这是我们办学的根本。育人,就是讲究做人,把学生培养成思想坚定、是非清晰、品行端正、责任担当的"大写"的人。育才,就是学会做事,把学生培养成头脑发达、知识丰富、创新有为、奉献能量的有用之才。

对这两点,学校"在这里,我们发现未来"的办学理念和培养"守规则、懂礼仪、展个性、乐创新"的未来社会人的育人目标,已经做了明确的阐述。而"蓬莱小镇"的创建和实施,是对育人与育才贯通的实践。主要表现为:

一是思想贯通:即办学理念和育人目标与"蓬莱小镇"课程建设上,

实现方向上的高度贯通,这在课程目标上已有具体而深刻的论述。这种贯通,有利于达成思想上的共识、理念上的认同。

二是目标贯通:"蓬莱小镇"课程的目标设置与教师的育人共识和行动,实现一体化的深度贯通。执教课程的教师都明白,这既是一门课程,更是一次次实施育人的行动,所以教育的价值随着课程的展开而叠加。这种贯通,有利于形成教育的合力、影响的深远。

三是内外贯通:育人和育才,是一个系统工程,需要多方面的贯通结合,校内与校外的贯通,讲究"小课本"与"大社会"的通途;课内与课外的贯通,讲究"知"与"行"的通达;共性与个性的贯通,讲究"共同基础"与"个性成长"的通兼。"蓬莱小镇"的许多做法,都体现着这种贯通的"性格",就是学生一本书的校内出版,也能展现一系列贯通的画面。

三、培育学生和教师是同步发生的

"蓬莱小镇"把微型社会搬进小学校园,学生可以自主选择社会角色,获得尽可能多的社会经验,"蓬莱小镇"中的"镇民"即隐含着实际社会中的"公民"的设想。九年来,通过"蓬莱小镇"主题式综合课程的实施,很大程度上满足了学生个性化发展的需求,通过创造角色扮演的真实情境,培养了学生独立完成任务的能力,增进和丰富了学生的社会体验,学生的学习内驱力得到激发,逐步形成适应个人未来发展和社会发展需要的必备品格和关键能力。历经五年的小社会情境的浸润,蓬二小的学生身上是有明显的辨识度的,他们自我认识和自我管理的能力、认识社会和探索自然的能力及创新发现和规划展望未来的能力都获得充分的发展。

与学生同步发展的还有学校教师群体。学校在整个"蓬莱小镇"课程实践中关注教师在课程开发、实践中的能力提升,关注教师实践研究、教学实践水平和教学创造力的提高。近十年"蓬莱小镇"课程的研究和实施过程中会遇到困难,教师的成长也不是一帆风顺的。对开发和编制这些课程的教师来说,课程发展的过程也是其自身专业发展的过程。蓬二人用自己的实际行动,践行着自己对于课程改革的领悟和思考。教师在课程开发和实施的过程中全力以赴,深入思考、用心积累、磨炼自我,在一次次的自我挑战、自我超越中实现专业的成长。我们及时帮助教师澄清认识、克服困难,促进教师更好更快地发展,使其成为智慧型的优秀教师。2019年,我校区级学科带头人和区级骨干教师的人数分别是1名和7名;2022年我校区级学科带头人和区级骨干教师的人数分别是2名和14名,获评人数翻倍增长,位列全区小学前茅,同比翻倍增长的还有我们对课程带动教师专业发展的信心。

在此过程中,教师的反思意识明显增强;教师的课程设计能力获得了提升;教师的教学观念发生了质的改变;教师的研究能力得以提高;教师团队协作的意识和能力明显增强。这一过程,让教师具有了更多整体性的思维方式,学会了以培养孩子未来社会人核心素养为出发点去思考问题,学会了将各种教育活动、教育方式、教育手段有机整合,形成教育合力。教师逐渐从被动的课程实践层面上升到主动的理性的课程实践。2014年,学校成为黄浦区新教师培训基地。2015年,学校被评为上海市教师专业发展学校。2021年,学校获评上海市优秀教师发展学校。2022年,学校获评上海市中小学见习教师规范化培训优秀基地校。

第四节 "蓬莱小镇"带动学校综合发展

近十年来,学校以"蓬莱小镇"课程的研究与实践为着力点和生长点带动学校综合发展。如果说根据学生的兴趣爱好开发的主题式综合课程是"蓬莱小镇"课程的1.0版,根据学校办学理念、培养目标并融入学生的发展核心素养是"蓬莱小镇"课程的2.0版,那么,将小镇元素融入学校的整体发展中,由小镇课程的推进带动学校整体发展,即"蓬莱小镇"特色课程的3.0版。"蓬莱小镇"课程的研究与实践让学生获得个性化发展,让教师获得专业化发展,让学校呈现特色化发展。

随着"蓬莱小镇"课程的发展,学生更开心了,家长和社会更放心了,教师发展了,学校的管理和运行更灵活顺畅了,学校的文化氛围浓郁了,学校的办学特色更加鲜明了,学校的影响力也逐渐提升了。可以说,"蓬莱小镇"课程给学校发展带来了无限的生机。

一、办学理念再丰富

办学理念是一所学校发展的灵魂,是学校管理者特色办学思想统率全部办学行为的独特而集中的体现。先进的办学理念对内是感召力、凝聚力、向心力,是保证学校健康发展的生命力;对外则是形象力、竞争力、说服力,是使学校获得社会认可的影响力。

2016年,我们提出了"在这里,我们发现未来!(Here we find the future!)"的办学理念。我们期望通过课程,在学习过程中让师生共同发现更好的自己,通过丰富的学习成就师生,为学生适应未来发展所需要的必备品格和关键能力提供支持,让我们的学生都能成长为未来社会人,创造更美好的未来!"蓬莱小镇"课程基于杜威的教育思想,把象征微型社会的"小镇"概念引入校园,模拟社会真实情境,为学生提供选择性、适应性、发展性的学习机会和载体,满足学生个性化发展的需求,增进和丰富学生的社会性体验,提升学生的实践与创新能力。"蓬莱小镇"的课程目标与学校的办学理念密切关联,影响着学校课程内容的选择与组织、课程实施和教学过程评价等。"蓬莱小镇"课程的研究与实践是不断理清课程目标内涵、本质、宗旨的过程,也是将学校的办学理念和愿景不断落地、确保可操作性的过程。同时,"蓬莱小镇"课程的研究与实践又促使不断深化学校的办学理念、提升学校的办学愿景。

二、办学特色更彰显

办学特色,是学校在长期的办学实践过程中逐步形成并表现出来的自成一体的独到的办学理念,独特的办学风格,独具的个性风貌,稳定、凝练的办学优势,是学校在校园文化、人才培养等各方面工作的综合反映。学校特色的发展一定是要为学生的发展服务的。特色是一所学校的名片和风格,是一所学校强劲发展的彰显力,深刻地影响着师生的发展。

课程是最能体现办学特色的载体。"蓬莱小镇"课程是遵循教育规律,立足于学校实际,着眼于本校学生的发展,统整了校内外的各种资源而建设起来的。"蓬莱小镇"课程建设的研究与实践使课程资源、教育形式和手段更加丰富。"蓬莱小镇"课程在不断发展优化的同时,小镇元素也潜移默化地融入学校的整体发展中,以点带面,由小镇课程的推进带动学校基础型课程、少先队活动课程、校园文化建设、教师专业发展等各项工作的协同发展,实现整体优化,不断地向深度和广度发展。为满足学生个性发展的需求,培养学生适应未来发展的综合素养,学校以"蓬莱小镇"为情境,为学生创意搭建了一系列个性化成长的平台。其中有鼓励创作手写手绘书作的小镇出版社、鼓励开展课题研究的科学研究院、体验小老师的小镇大讲堂、负责采编播运作的媒体中心、服务于小镇公民的工作委员会等;还有线下的体育公园、气象站、废旧大巴改造等公共汽车教室、线上的智能积分评价系统、超市购物(奖品兑换)系统、线上阅读评价系统等学习环境支持系统。学生在支持系统中自由选择、自主参与学习,获得充分的个性发展。以"小镇出版社"为例,目前已有284名学生179本手写书在校内出版。

"蓬莱小镇"让学校的办学特色更加鲜明、更加优质;同时也更好地彰显了学校的办学特色,为学校的内涵发展和可持续发展积淀丰厚的文化底蕴。

三、研究实践受认可

本项目的研究获得了很高的评价:《"蓬莱小镇"课程的开发与实践》成果荣获2017上海市基础教育教学成果奖一等奖;《"蓬莱小镇"遇见未

第六章 价值:"蓬莱小镇"建设的成效与启示

来——综合实施活动落细落实价值观教育》案例被列为2018年全国中小学德育工作典型经验。

作为项目,"蓬莱小镇"课程成为上海市教育系统精神文明创建特色项目、上海市提升中小学(幼儿园)课程领导力行动研究项目、上海市小学法治教育特色项目、黄浦区区域共享特色课程等称号。学校获上海市文明单位、上海市优秀教师专业发展学校、上海市未成年人思想道德建设先进单位等荣誉。

"蓬莱小镇"课程自开发实施以来,《解放日报》《文汇报》等主流媒体,以及《中国教师报》《上海教育》等教育媒体都曾先后对"蓬莱小镇"课程做专题报道,对小镇课程的模式予以充分肯定。我国北京、深圳及英国等国内外教育同人曾多次来到"蓬莱小镇"实地考察学习。自编的"蓬莱小镇"课程学习手册、出版论著《有一个叫"蓬莱小镇"的地方》《学生喜欢的作业》广受欢迎。近年来,青岛"和美小镇"课程、珠海"创想城"课程、安徽"稻香村"等课程,都是先后多次基于"蓬莱小镇"的实地学习后实践开发的成果。

如今,"蓬莱小镇"早已成为令孩子们流连忘返的乐园,也是学校探索"规则+个性"教育新命题的实验例证。它不仅体现了"学校即社会,教育即生活"的教育理念,也满足了学生个性发展差异的需求。既与改革开放初期蓬莱路第二小学提出的"学校教育必须重视学生个性的发展"理念相呼应,也顺应了当前"办学生喜欢的学校"的发展目标。

117岁的蓬莱路第二小学根深叶茂,源远流长。承载着百年文化的深厚积淀,以每一名学生的发展为本,培育了一代又一代的芬芳桃李。今天,蓬莱路第二小学本着"在这里,我们发现未来"的办学理念,以"守规则、懂礼仪、展个性、乐创新"为育人目标,从"小社会"走进"大世界",呈现出一方充满理想、充满奇趣、充满活力的教育新天地。

后 记

2013年，我校"蓬莱小镇"课程诞生，到今年（2023年）刚好十年。这十年中，两轮上海市提升中小学（幼儿园）课程领导力项目陪伴我们走过八年，引领我们从创建"蓬莱小镇"课程出发，不断基于问题创新突破，带动学校综合发展。"蓬莱小镇"，从最初的一门校本特色课程，逐渐生长、发展、完善，成为学校内涵发展和特色发展的代名词，成为弥漫在学校文化中的育人新样态。

回顾这十年，"蓬莱小镇"大致经历了萌芽、生长、成熟三个阶段。

2013年9月，针对学校课程单一的问题，结合小学快乐半日活动，我校尝试打破学校与社会的壁垒，开发"蓬莱小镇"课程。从那时起，每周五下午学校变成"小镇"，教室变成医院、邮局、银行等48个小社会活动场所，师生变身"小镇"镇民在小社会情境中体验、探究和发现。从目标制定、框架构建再到管理评价，我们完成了"蓬莱小镇"第一阶段课程开发和实践，相关成果于2017年获评上海市教学成果奖一等奖。

在"蓬莱小镇"，我们看到一种别样的学习状态，学生自主、自由地在玩中学，在做中学。如何让一周另外四天半的课堂教学也在这样的生态中开展？针对这种需求，我们进入第二阶段融入"小镇"元素推进教学方式变革的研究。我们提炼出"蓬莱小镇"课程两条有效实施路径：一是学习发生在真实情境中，二是学习方式以任务驱动下的实践为主。2017年起"情境+任务群"的教学策略辐射并带动我校课堂教学方式的变革，在迁移、转化中构建基础型课程课堂学习新样态。

第三阶段,我们充分利用"蓬莱小镇"情境,创造性地研究全方位的育人模式,带动了学校全方位转型发展。例如,针对德育有效性的提升,我们构建了小社会育人体系,让社会主义核心价值观教育、劳动教育、行为规范教育等都在实践中落细落实,以达到知行合一。学校获评教育部颁发的"全国德育工作典型经验""全国优秀少先队集体"。针对如何满足学生不同发展需求问题,我们在"蓬莱小镇"搭建了一整套学生个性发展的支持系统,以项目化学习的方式推进,如出版社、研究院、媒体中心等。以"出版社"为例,我们构建了书号申请、过程指导、新书发布、作家签售等环节在内的完整支持系统。目前284名学生的179本手写书在校内出版。针对环境育人功能的发挥,我们线上构建智能小社会,线下打造实体"蓬莱小镇"体育公园、气象站等。我们还把一辆废旧大巴搬进校园改造成可进行教育教学活动的"公共汽车教室",该项目获上海市创新实验室项目案例一等奖。

十年里,我们持续深化探索育人方式的变革,既出成果,更出能人,我校教师由两轮提升课程领导力项目延伸立项的市、区级课题达40项;新一轮区学科带头人和骨干教师达16人;学校获评上海市优秀教师专业发展学校等荣誉,全体师生都与"蓬莱小镇"共同成长。

可以说,这本书的出版是"蓬莱小镇"历程的见证,从构思落笔到修改完善,我前前后后用了两年多的时间,终于在"蓬莱小镇"创建十周年庆之际搁笔完成。由衷感谢黄浦区教育局、教育学院领导对学校发展的引领,感谢上海市提升中小学(幼儿园)课程领导力项目及项目专家的指导,感谢学校全体教师为共同的梦想执着的努力。在这里,我还要特别感谢持续关心关注"蓬莱小镇"发展并两次为我的书作序的尹后庆会长,感谢对我产生深远影响的导师袁瑢、葛丽芳、卞松泉、袁丽等专家,以及《文汇报》资深主任记者苏军老师。

2023年,在第四轮上海市提升中小学(幼儿园)课程领导力项目研究启动的新起点,我将继续带领团队对接新课标的新要求,持续在原有研究基础上传承和创新,引领百年老校不断创新突破,跃上新台阶,展现新气象,获得新发展。

余祯

2023年2月

图书在版编目(CIP)数据

蓬莱小镇:从"小社会"走向"大世界" / 余祯著
. —上海:文汇出版社,2023.4
　ISBN 978-7-5496-3957-1

Ⅰ.①蓬… Ⅱ.①余… Ⅲ.①小学-校园文化-建设-研究-上海 Ⅳ.①G627

中国国家版本馆 CIP 数据核字(2023)第 046319 号

蓬莱小镇:从"小社会"走向"大世界"

作　　者 / 余　祯
策划编辑 / 张　涛
责任编辑 / 汪　黎
封面装帧 / 梁业礼

出 版 人 / 周伯军
出版发行 / 文匯出版社
　　　　　上海市威海路 755 号　(邮政编码:200041)

经　　销 / 全国新华书店
排　　版 / 南京展望文化发展有限公司
印刷装订 / 上海新文印刷厂有限公司

版　　次 / 2023 年 4 月第 1 版
印　　次 / 2023 年 4 月第 1 次印刷
开　　本 / 720×1000　1/16
字　　数 / 162 千字
印　　张 / 12.5

ISBN 978-7-5496-3957-1
定　　价 / 68.00 元

·版权所有　侵权必究·